쯩 자매

베트남의 독립을 이룬 자매 여왕

쫑자매 베트남의 독립을 이룬 자매 여왕

2012년 10월 8일 초판 1쇄 인쇄
2012년 10월 15일 초판 1쇄 발행

글 김은희 / 그림 루루지
펴낸이 이철규 / 펴낸곳 북스
편집 이은주 / 편집디자인 이종한

편집부 02-336-7634 / 영업부 02-336-7613 / FAX 02-336-7614
전자우편 vooxs2004@naver.com / 등록번호 제 313-2004-00245호 / 등록일자 2004년 10월 18일

주소 서울특별시 광진구 자양4동 52-197번지 2층
값 9,800원
ISBN 978-89-6519-048-6 74800
　　　978-89-91433-70-0 (세트)

잘못된 서적은 구입하신 서점에서 교환하여 드립니다.
이 책은 저작권법에 의해 보호를 받는 저작물이므로 불법 복제와
스캔 등 무단 전재 및 유포·공유를 금합니다.

쯩 자매
베트남의 독립을 이룬 자매 여왕

글 김은희　그림 루루지

머리말

베트남의 독립 영웅이 **여자?**

요즘 우리나라 주위에선 영토 전쟁이 한창입니다. 중국과 일본이 센카쿠 열도를 놓고, 한국과 일본이 독도를 놓고, 중국과 베트남이 난사군도를 놓고 마치 전쟁이라도 벌이려는 듯이 치열하게 대치 중이지요.

사실 영토 전쟁은 인류의 역사 그 자체라고 해도 과언이 아닙니다. 이천년 전의 고대 사회에서도 힘 있는 자는 힘 없는 자를 지배했습니다. 진시황제로 대표되는 진나라에 이어 중국을 차지한 한나라는 주변의 많은 나라를 식민 지배했습니다. 고대 베트남 왕국도 그중 하나였지요.

이번 주인공인 쯩짝과 쯩니 자매는 한나라의 지배를 받던 고대 베트남 왕국의 여인들로, 한나라의 지배에서 벗어나 독립을 이루기 위해 싸운 위대한 여성 전사들입니다. 또한 이들은 베트남의 위대한 영웅이기도 하지요.

영국, 러시아, 졸본에 이어 이번엔 베트남에 오게 된 은채는 쯩자매를 도와 전쟁에 참여하게 됩니다. 과연 은채는 무사히 다이아몬드를 돌려받고 현대로 돌아올 수 있을까요? 베트남에서 후안은 어떤 모습으로 나타날까요?

이제부터 은채를 따라 고대 베트남 왕국으로 떠나 볼까요?

새로운 여왕 이야기를 좇는 동화작가 김은희

차례

머리말 베트남의 독립 영웅이 여자?_6

정글 속으로 _10

쯩자매의 시련 _25

은채와 조우한 쯩자매 _36

은채의 조언 _46

후앙과 백호 _59

백호 사냥 _69

승전보 _83

사랑의 기억 _94

코끼리부대 _108

감금된 은채 _119

사랑의 맹세 _130

최후의 전투 _141

여명의 눈동자 _152

이별 그 후 _161

부록 베트남의 독립을 위해 싸운 위대한 여성 영웅, 쯩자매 _168

정글 속으로

박물관은 여전히 고요했다.

세 번째 다이아몬드까지 손에 넣은 은채는 네 번째 다이아몬드를 찾아 조심스레 움직였다. 고대 한반도 전시실을 나선 은채는 이리저리 고개를 휘휘 저어가며 다이아몬드를 찾기 위해 눈을 빛냈다.

한편, 다이아몬드 찾는 일은 은채에게 맡겨둔 기찬은 대사관 직원과 경비업체 직원의 시선을 돌리기 위해 고군분투하고 있었다. 그는 시간을 끌기 위해 필사적이었다. 그래야 은채가 무사히 다이아몬드를 다 모을 수 있을 것이며 이곳에서 빠져나갈 수 있을 것이다.

'은채는 도대체 어디쯤에 있는 거지?'

기찬은 은채가 지금 다이아몬드를 몇 개나 찾았는지 궁금했다. 그리고 고대 한반도 전시실에 들어간 은채가 어디로 감쪽같이 사라진 것인지도 궁금했다. 도대체 이 안에서 무슨 일이 벌어지고 있는 건지…….

'그나저나 여긴 도대체 어느 전시실이지?'

기찬은 경비원과 대사관 직원을 따돌리고 화장실에 다녀오겠다는 핑계를 댄 채 혼자서 움직이고 있었다. 전시를 준비하면서 수없이 다녔던 곳인데도 불을 켜지 않은 전시실은 처음 와 본 곳처럼 낯설기만 했다.

기찬은 은채를 찾아 전시실 안을 이리저리 둘러보았다. 이곳은 다른 전시실과는 분위기가 조금 달랐다. 한국인과 비슷해 보이면서도 약간은 이국적으로 느껴지는 사람들의 초상화와 조각들로 보아 동남아 쪽 전시실이 아닌가 싶었다.

그때, 타탁! 발자국 소리와 함께 전시실 안으로 누군가 뛰어 들어왔다. 발자국 소리에 깜짝 놀라 유물 뒤로 몸을 숨겼던 기찬이 고개를 내밀어 바깥을 살펴보았다.

전시실 안으로 들어온 것은 바로 은채였다.

"은채야!"

"삼촌!"

은채는 저를 부르는 목소리에 깜짝 놀랐다가 유물 뒤에서 나타난 기찬의 모습이 반가워 그에게 달려갔다.

"여기 있었네, 삼촌! 잘됐어! 지금 경비 아저씨가 날 쫓아오고 있거든! 삼촌이 아저씨 좀 다른 곳으로 유인해 줘!"

"헉! 들킨 거야?"

혹시나 싶어 기찬은 얼굴이 파랗게 질렸다. 다이아몬드 목걸이를 망가뜨린 것도 모자라 다이아몬드까지 잃어버렸다는 사실이 알려지면

11

정말 죽은 목숨이나 다름없었다. 기찬은 금세 다 죽어가는 얼굴로 은채를 바라봤다.

다행이 은채는 걱정 말라는 듯 고개를 저었다.

"걱정 마, 삼촌. 얼굴은 안 들켰으니까."

아마도 발소리를 들킨 것 같다는 말에 기찬은 안도의 한숨을 내쉬었다. 그러는 것도 잠시, 바깥에서 다급한 발소리가 들리자 기찬과 은채는 깜짝 놀랐다.

"삼촌, 얼른!"

"알았다! 사람들은 내가 다른 곳으로 끌고 갈 테니까. 너도 서둘러!"

"알았어! 부탁해, 삼촌!"

타타탁-!

발자국 소리와 함께 플래시 불빛이 빠르게 움직였다. 손전등을 든 경비원이 은채와 기찬이 있는 전시실 쪽으로 다가왔다. 기찬은 일부러 헛기침을 하고는 전시실 밖으로 나갔다.
"거기 누구냐!"
"예? 아, 저 기찬입니다."
"응? 기찬군? 아니, 자네 거기서 뭐하는 건가? 화장실 간다던 사람이 왜 거기 있어?"
"하하. 화장실 다녀오는 길에 혹시나 싶어 이쪽도 살펴보는 중이었습니다. 무슨 문제 있나요?"
"난 또. 발소리가 들리길래 놀라서 달려왔지 뭔가. 자네인 줄도 모르고. 살펴볼 거면 불이나 좀 켜 두지."
"죄송합니다. 번거롭게 해 드려서."
"됐네. 암튼 자네는 그 깐깐한 대사관 직원 비위나 좀 맞춰 줘."
"예, 예."
삼촌과 경비 아저씨의 목소리가 점점 멀어지는 걸 들은 후에야 은채는 조심스레 움직였다. 은채는 어둠 속에 숨기고 있던 몸을 움직여 전시실 주위를 찬찬히 살펴보았다. 기찬과 만나기 전, 다이아몬드 하나가 이곳으로 굴러 들어오는 것을 분명히 보았던 것이다.
순간 은채의 눈에 작지만 선명한 광채가 보였다. 은채는 재빨리 그 앞으로 다가섰다.
벽에 걸린 커다란 액자에는 두 명의 젊은 여인이 그려진 그림이 들어 있었다. 그림 속 두 사람은 무척이나 닮아 있어 자매라는 것을 한

눈에 알아 볼 수 있었다. 한 초상화에 두 사람이 그려진 것은 처음 보는 것이었다. 은채는 잠시 고개를 갸웃했다. 얼굴 형태로 봐서는 우리나라 사람과도 비슷해 보였는데 왠지 느낌이 많이 달랐다.

다이아몬드는 바로 그 초상화 밑에 떨어져 있었다.

다이아몬드를 주우려고 손을 내밀던 은채는 순간 멈칫했다. 그리고는 다시 초상화를 바라보았다.

'지금까지 그랬던 것처럼 다이아몬드를 줍는 순간 이 초상화의 인물들이 있는 곳으로 빨려 들어가게 되겠지? 근데 누구지, 이 둘은? 중국인인가?'

은채는 초상화를 뚫어지게 바라봤지만 저 둘이 어느 시대, 어느 나라의 인물인지 알 수가 없었다. 확실한 것은 동양인이라는 것뿐이었다. 전시실 입구에 가면 알 수 있을 테지만 지금은 그럴 시간이 없었다.

'그래. 내겐 선택의 여지가 없으니까! 어쩌면 서양보다는 동양 쪽이 훨씬 더 수월할지도 몰라!'

하지만 한 가지 걸리는 게 있었다. 그림 속 여인들은 여왕이라고 하기엔 수수해 보였고, 금방이라도 싸움을 앞둔 것처럼 얼굴이 굳어 있었다. 메리나 엘리자베타처럼, 우아하다기보다는 전사처럼 용맹하고 격렬해 보였다. 바로 얼마 전에 본 소서노보다도 더 말이다.

'호, 혹시 검투사나 뭐 그런 여인들이 아닐까?'

검투사라고 생각하니 원형 경기장 안에서 맹수와 마주서 있는 모습이 떠올라 등골이 오싹해졌다.

'아니야. 그럴 리가 없어. 지금껏 늘 여왕을 만나왔잖아? 그러니까 이분들도 잘은 모르지만 여왕일 거야. 분명 그럴 거야.'

은채는 애써 좋은 쪽으로 생각을 돌렸다. 그리고는 심호흡을 하며 공기를 깊게 들이마셨다.

'흐으읍! 부디 어렵지 않게 다이아몬드를 되찾을 수 있기를.'

은채가 다이아몬드를 움켜쥐었다.

우우우웅-!

다이아몬드를 움켜쥔 은채의 손이 부르르 떨더니 손가락 사이사이로 빛이 쏟아져 나오기 시작했다.

곧이어 어마어마한 광채가 주위의 모든 것을 삼켜버렸다.

"으아아악!"

쿵!

비명소리와 함께 은채는 바닥으로 떨어졌다.

"아파! 꼭 이런 식으로 내팽개치듯이 밖에 안 되는 거야? 좀 부드럽게 이동하면 안 되는 거냐고! 엉덩이가 얼마나 아픈지 알아!"

은채는 몸을 일으키며 괜히 하늘을 향해 소리를 질렀다. 매번 타임슬립을 할 때마다 쌓였던 감정이 폭발했던 것이다.

하늘을 향해 화풀이를 한 후 옷을 털며 투덜거리던 은채는 문득 이상한 느낌이 들자 움직임을 멈추고 천천히 고개를 돌려 뒤쪽을 바라보았다.

은채는 제 키보다 한참은 더 커다란 나무들이 가득한 숲을 멍하니

바라봤다. 울창한 숲과 커다란 나무, 숲과 은채의 사이에는 무성하게 자란 잡풀이 가득했다. 소서노, 주몽과 함께 헤맸던 숲과 비슷한 느낌이면서도 달랐다. 꼭 밀림 같은 곳이었다.

'뭐지, 이건? 설마 아마존의 오지는 아닐 테고 여긴 도대체 어디지?'

스스스스, 그때 발밑에서 기분 나쁜 소리가 들리며 서늘한 느낌이 들었다. 힐끗 아래를 바라본 은채의 눈에 자신의 발을 타고 오르는 뱀이 보였다.

"배, 뱀……! 으악!"

쉭쉭 긴 혓바닥을 내미는 뱀을 본 순간 온몸에 소름이 쫙 돋은 은채는 찢어지는 비명을 지르며 발을 세게 털어 뱀을 멀리 날려 버렸다.

바로 그 순간이었다.

커다란 무엇인가가 순식간에 은채를 낚아채며 풀숲에 나뒹굴었다. 은채는 놀랄 새도 없이 입이 막힌 채로 끙끙거렸다. 은채를 붙잡은 사람은 웬 여자로, 은채의 입을 꽉 막은 채 밀림 속 짙은 풀숲에 몸을 숨기고 주위를 경계했다.

"이쪽에서 무슨 소리가 들린 것 같은데 다들 이쪽으로 와 봐!"

창과 칼로 무장한 병사들 수십이 무성한 풀숲을 헤치며 주위를 수색했다.

"반드시 잡아야 할 놈들이다. 샅샅이 살펴라!"

병사들은 날카롭게 날이 선 창끝으로 풀 사이를 찔러대며 앞으로 다가왔다. 그들은 점점 은채가 있는 쪽으로 다가왔다.

한 걸음, 두 걸음 어느새 병사들이 은채의 코앞까지 가까워졌고 이

대로라면 병사들의 창에 꼼짝없이 찔릴 것 같았다.

"이쪽이다! 저기 놈들이 도망치고 있다! 잡아라!"

옆쪽에서 소리가 울리자 은채의 바로 앞까지 다가왔던 병사들이 기다렸다는 듯이 그쪽으로 달려갔다.

"놓치지 마라!"

고함 소리와 함께 병사들이 울창한 숲을 헤집는 소리도 멀어졌다.

목숨을 구했다는 것에 안도하는 것도 잠시, 은채는 병사들이 사라진 자리에 속속 모여드는 또 다른 사람들을 보곤 눈을 동그랗게 떴다. 열 명 정도 되는 사람들이었는데 모두가 젊은 여자들이었다.

"누구냐, 넌!"

그중 한 여자가 은채의 앞으로 한 걸음 다가서며 칼을 뽑아 들었다. 은채는 그 여자의 얼굴을 보고 깜짝 놀랐다. 박물관에서 본 초상화 속 여인이었다.

"진정해, 쭁니."

그때까지 은채를 붙잡고 있던 또 다른 여자가 앞으로 나섰다. 그녀는 초상화 속 또 다른 여인이었다. 실물로 보니 두 여자는 그림보다도 더 닮아 있었다.

"어디서 나타난 놈인지 모르지만 분명 한나라 놈들의 첩자일 터! 단숨에 숨통을 끊어주지!"

칼을 겨눈 여자가 소리를 지르며 칼을 치켜 올렸다.

"기다려, 쭁니!"

은채의 입을 막고 있던 여자가 쭁니의 팔을 잡으며 얘기했다.

"왜 그래, 쫑짝 언니! 딱 보기에도 수상한 놈이 분명하잖아! 옷차림도 그렇고, 생김새도 우리랑 다르고! 저 머리를 한 꼴을 봐! 비켜! 내가 처리할 테니까."

"왜 이렇게 급하게 굴어? 내가 알아서 할 테니까 잠시만 뒤로 물러서 있어."

"그러니까 뒤로 물러서고 말고 할 이유가 뭐 있냐고! 그냥 처리하면 되는데!"

"너! 물러서라고 했지!"

쫑짝이 버럭 소리를 질렀다.

"아니, 왜 소리는 질러!"

쫑짝과 쫑니가 서로 머리를 맞대고 티격을 벌였다.

'쫑짝? 쫑니? 분명히 어디서 들었던 이름인데 어디서 들었지?'

쫑짝과 쫑니가 자신을 살리네 죽이네 하고 있는 걸 아는지 모르는지 은채는 어디서 들은 이름인지를 생각하느라 정신이 없었다.

"얼른 처리하고 산채로 돌아가자니까!"

"너 정말 고집 부릴래?!"

그 순간, 생각에 잠겨 있던 은채가 벼락처럼 소리를 질렀다.

"아, 맞다! 써프라이즈! 분명 거기였어!"

은채의 갑작스러운 목소리에 놀랐는지 티격태격하던 쫑짝과 쫑니가 은채를 바라보았다.

"내용은 다 잊어 버렸지만 이름은 기억났어! 쫑짝과 쫑니! 쫑자매 맞지? 이름이 특이해서 기억하고 있었다니까!"

은채는 마치 오래된 친구를 만나기라도 한 것처럼 얼굴 가득 미소를 지으며 들뜬 목소리로 얘기했다.

"봐, 우릴 알고 있잖아! 당장 죽여야 돼!"

쫑니가 더는 못 참겠다는 듯이 칼을 휘둘렀다.

시퍼런 칼날이 은채의 목덜미로 날아들었다.

"그만 두라니까!"

그러자 쫑짝이 소리를 지르며 주먹을 내질렀다.

빡! 우당탕-!

쫑짝의 주먹에 얼굴을 맞은 쫑니는 그대로 바닥에 나뒹굴었다.

쫑짝이 주먹까지 날릴 거라고는 예상치 못했는지 쫑니는 싸늘하게 굳은 표정으로 자리에서 일어섰다.

"미안. 네가 하도 급하게 구니까 나도 모르게 그만! 미안해!"

"딱 봐도 첩자인데 언니가 이 애를 감싸는 이유를 모르겠어."

주먹까지 맞아서인지 쫑니의 얼굴엔 불만이 가득했다.

"감싸는 게 아니야. 나도 수상하고 미심쩍다고 생각해! 다만 단순히 첩자라고 보기엔 그 또한 이상한 점이 있어서 산채로 데리고 가서 조사해 보고 처리해도 늦지 않다고 생각한 것 뿐이야."

"좋아! 언니가 하고 싶은 대로 해. 단, 첩자라고 판명되는 순간 내 손으로 없애 버릴 거야! 언니한테 주먹까지 맞았는데 가만히 넘길 순 없지."

쫑니는 쫑짝의 눈을 쏘아 보며 얘기했다. 나중에 또 다른 말을 하지 못하게 미리 다짐을 받아 놓겠단 심산이었다.

"알았어! 그땐 네가 하고 싶은 대로 해."

쫑짝의 다짐을 들은 쫑니는 쫑짝의 뒤에 서 있는 은채를 노려보며 주먹에 맞은 턱을 흔들어 보였다. 언니에게 맞은 것은 모두 은채 때문이니 반드시 몇 배로 복수를 하겠다는 의미였다.

쫑니의 눈빛이 부담스러워 은채는 억지로 웃음을 만들려고 얼굴 근육을 움직였다. 무척이나 어색한 미소가 만들어졌다.

쫑니가 휙 돌아서 걸어갔다.

"모두 산채로 돌아간다. 이 자도 산채로 끌고 간다. 묶어라!"

쫑짝의 말에 다른 여자들이 달려들어 은채를 묶기 시작했다.

"자, 잠깐만! 뭐하는 거야? 뭔가 오해가 있는 모양인데 난 적이 아니야! 적이 아니라니까! 같은 편이라고! 정말 같은 편이라니까!"

깜짝 놀란 은채가 버둥거리며 소리를 질렀다.

"더 이상 시끄럽게 굴며 여기서 끝장을 내 버리는 수가 있어!"

은채를 묶던 여자가 칼을 내보이며 귀에 속삭였다. 여자의 위협에 은채는 더 이상 반항 없이 얌전히 산채로 끌려갈 수밖에 없었다.

은채의 몸을 묶은 부하들은 그녀를 끌고 산채로 향했다. 맨 뒤에 섰던 쫑짝이 막 걸음을 옮기려는 순간, 뭔가가 반짝이며 쫑짝의 시선을 훔쳤다.

'뭐지?'

쫑짝은 호기심 어린 표정으로 바닥에 수풀을 손으로 헤집었다.

번쩍번쩍!

풀을 헤친 자리엔 투명한 돌멩이가 놀랍도록 시린 광채를 발하고 있었다. 은채가 잃어버린 다이아몬드였지만 쫑짝은 난생 처음 보는 커다란 보석을 눈이 휘둥그레져서 쳐다봤다.

  횡재한 기분이었다. 이렇게 커다란 보석은 태어나서 처음이었다. 한눈에 보기에도 귀해 보이는 보석을 쯩짝은 얼른 집어 주머니에 넣고 일행을 따라 걸음을 옮겼다.

쯩자매의 시련

쯩자매의 산채는 밀림 깊숙한 곳에 자리 잡고 있었다.

산채라고 해 봐야 험한 정글 속 사람들이 쉽게 접근할 수 없는 곳에 나무로 대충 담장을 쌓아 놓은 것에 불과했다. 그 안의 건물이라고는 사람들이 거주하는 허술하기 하기 짝이 없는 집 몇 채가 전부였다.

그곳에서 쯩짝과 쯩니 자매와 그를 따르는 10여명의 여자들 그리고 아이들 네댓 명이 한나라 병사들을 피해 숨어 지내고 있었다.

쯩짝과 쯩니 자매는 본래 이 지방을 다스리는 영주의 딸이었다. 베트남 왕국의 지배층으로, 비록 수도와는 거리가 좀 멀지만 일단은 영지를 다스리는 부유한 집안 출신이었던 쯩자매는 별다른 어려움이 없이 어린 시절을 보냈다.

쌍둥이인 둘은 자라면서 점점 서로와 달라졌다. 언니인 쯩짝이 책을 읽고 글을 쓰는 것을 좋아한 반면 동생인 쯩니는 책 따위는 안중에도 없었고 집안에서 무예를 하는 하인에게서 무예를 익히는 것에 푹 빠져 지냈다.

"도대체 무슨 생각인 거요, 부인? 여자가 무예라니. 이쯤에서 그만하고 다른 걸 배우게 하시오. 남들이 이 사실을 안다면 누가 쭝니를 데려가려 하겠소?"

영주인 아버지는 쭝니가 무예에 빠져 있는 것을 마음에 들어 하지 않았다.

"쭝니가 쭝짝처럼 책을 좋아하면 좋겠습니다만 어쩌겠습니까? 무예를 저리 좋아하는 것을요. 어지러운 시국입니다. 언제 무슨 일이 벌어질지 모르는데 자기 몸을 지킬 수 있는 능력을 갖추는 것도 나쁘지 않을 것입니다."

어머니가 쭝니를 두둔하고 나서자 아버지는 할 말이 없어졌다.

사실, 어머니의 말이 틀린 게 아니었다.

베트남은 이미 오래전부터 한나라의 지배를 받고 있었고, 한나라 관리들과 결탁한 베트남 관리들의 행패는 나날이 심해져갔다. 언제 무슨 일이 벌어질지 모르는 시절인 것이다. 이런 어수선한 시기엔 자기 몸을 지킬 수 있는 무예를 배워 두는 것도 나쁘지 않은 일이었다.

아버지 역시 그 점을 모를 리가 없었다.

"너무 격하게 시키진 마시오. 다칠지도 모르니 말이오."

아버지는 더 이상 쭝니가 무예를 배우는 것에 가타부타 말을 하지 않았다.

암묵적으로 허락도 받았겠다, 쭝니는 더욱 무예를 배우는 일에 몰두

하였다. 쫑니는 무예에 탁월한 소질을 가지고 있었다. 쫑니에게 무예를 가르치던 하인은 몇 달만에 쫑니를 상대하는 데 쩔쩔맸다.
"이쪽이 비었는데!"
쫑니의 발이 하인의 옆구리를 강타했다.
"어이쿠……!"
하인은 그대로 바닥에 나뒹굴었다.
"뭐해, 빨리 안 일어나고! 나 아직 땀도 안 났거든!"
쫑니가 탁탁! 경쾌하게 움직이며 소리쳤다.
"아이고, 아가씨! 전 더 이상 아가씨 상대가 안 됩니다요! 봐주십시오! 온몸이 멍투성이란 말입니다."
하인이 재빨리 무릎을 꿇으며 울상을 지었다.
"어디 부러진 것도 아니고 그 정도 멍 따위에 엄살 부릴래? 간다!"
쫑니는 사정 봐주지 않겠다는 듯 하인에게 몸을 날렸다.
"자, 잠깐만요! 아가씨를 가르칠 진짜 고수를 소개해 드릴게요!"
"진짜 고수?!"
쫑니가 하인 앞에서 뚝 멈춰서며 되물었다.
"그래요, 진짜 고수! 사실 저도 그 분이 무예를 연습하는 것을 어깨 너머로 배운 것일 뿐이에요."
"그렇단 말이지? 그럼 앞장서!"
하인이 쫑니를 데리고 간 곳은 농기구를 만드는 조그마한 대장간이었다. 그곳에는 수염이 하얗게 센 퀴인이라는 키 작은 노인 한 명이 주철을 이용해 농기구를 만들고 있었다.

"진짜 무예를 배우고 싶습니다. 저에게 무예를 가르쳐 주십시오!"

쯩니가 제자로 받아 달라며 정중하게 부탁했지만 퀴인은 쯩니에게 눈길 한번 주지 않았다.

"허락하실 때까지 이 자리에서 꼼짝도 하지 않을 겁니다."

쯩니는 대장간 입구에 무릎을 꿇고 앉아 퀴인의 허락을 기다렸지만 퀴인은 며칠이 지나도록 아무런 대답도 하지 않았다.

근 일주일을 땡볕 아래서 굶주림과 싸우던 쯩니는 더 버티지 못하고 쓰러지기 직전이었다. 정신이 가물가물할 때쯤 차가운 물이 쯩니의 머리를 적셨다.

쯩니가 벌떡 고개를 들었다.

"제법 끈기가 있는 녀석이로구나! 네게 무예를 가르쳐 줄 테니 집에 가서 몸을 추스르고 다시 오너라!"

퀴인은 결국 쯩니를 제자로 받아들였다.

그렇게 쯩니는 본격적으로 무예를 배우기 시작했다. 퀴인의 무예는 하인의 무예와는 차원이 다른 것이었다. 발을 쓰는 방법에서부터 각각의 자세를 취하는 형태와 주먹과 발을 내지르고 막아내는 것들이 빈틈이 없었다. 뿐만 아니라 봉과 창검의 사용법까지, 혹독한 수련이 이어졌다.

퀴인은 뭐든 대충 대충 넘기는 법이 없었다. 자세가 틀리거나 동작이 틀리면 여지없이 회초리를 날렸고 몇 시간씩 물을 긷고 나무를 하는 벌까지 시켰다. 쫑니는 싫은 내색 하나 없이 그 모든 것들을 참고 견뎌 나갔다.

 쫑니가 퀴인에게서 무예를 배운 지도 어느새 삼 년의 시간이 지났다.
 그 사이 소녀였던 쫑니도 많이 자라 완연한 숙녀의 모습으로 변해 갔다. 하지만 쫑니의 몸은 오랜 수련으로 남자들보다 더 단단했다. 그래서인지 쫑니에게는 남자들이 접근하는 일이 드물었다.
 물론 쫑니의 미모만 보고서 접근하는 남자들이 아예 없었던 것은 아니다. 언니인 쫑짝과 함께 시장 구경을 하다가 남자 몇이 앞을 막고 집적거린 일이 있는데 쫑니는 눈 깜짝할 사이에 그들을 모두 물리쳐 버렸다. 그 후로 감히 쫑니의 앞에 나서는 남자는 없었던 것이다.
 그렇지만 언니인 쫑짝은 달랐다. 쫑짝과 쫑니는 쌍둥이였지만 여성스럽고 우아한 쫑짝과 오랫동안 무예로 단련된 쫑니는 분위기가 많이 달랐다. 예쁘장한 얼굴에 부드러운 미소를 지닌 쫑짝의 주위에는 그녀에게 구애하는 남자들로 넘쳐났다.
 많은 남자들 중 쫑짝의 마음을 사로잡은 것은 이웃 마을의 영주의 아들인 티삭이었다. 큰 키에 호리호리한 체격, 짙은 우수가 깃든 지적인 용모의 티삭은 마치 왕자와도 같은 매력을 지닌 남자였다.
 쫑짝과 티삭은 서로 사랑에 빠졌고 부모들은 둘의 결혼을 성사시켰다. 화려한 결혼과 함께 쫑짝은 너무나도 행복한 결혼생활을 시작했다. 하지만 결혼한 지 얼마 지나지 않아 쫑짝은 티삭이 어마어마한 비밀을 가지고 있다는 것을 알게 되었다.

그것은 바로 티삭이 한나라의 지배에서 벗어나 베트남의 독립을 꿈꾸는 비밀 조직을 이끌고 있다는 것이었다.

그 사실을 알기 전까지만 해도 쯩짝에게 베트남이 한나라의 지배를 받고 있다는 것은 자신과는 상관없는 먼 나라의 이야기였다. 그렇지만 그것은 먼 나라 일이 아니라 바로 이웃에서 벌어지고 있는 엄연한 현실이었다.

한나라 관리는 기분이 나쁘다는 이유만으로 베트남 백성을 가차 없이 죽였고 땅을 뺏고 노예 취급을 했다. 이제껏 보이지 않던 것들이 보고자 마음먹으니 마을 곳곳에서 벌어지고 있었다.

쯩짝의 가슴속에선 분노의 불덩이가 활활 타올랐다. 그동안 눈을 뜨고도 이런 사실을 보지 못한 것이 너무도 한탄스럽고 미안하고 후회스러웠다.

식민지의 백성으로 사는 것이 이리도 비참한 것이라니?!

이렇게 살 수는 없다.

내일 당장 죽는다 해도 독립국 국민으로 살다 죽고 싶었다.

쫑짝은 티삭과 함께 독립을 위한 비밀 조직의 일을 함께하기 시작했다. 위험한 일이었다. 자칫 발각된다면 목이 베어져 길거리에 내걸릴 것이다. 그렇지만 쫑짝은 독립을 위해 싸워야 한다고 생각했다.

쫑짝은 동생인 쫑니에게 비밀 조직에 대한 것을 얘기하지 않았다. 쫑니를 못 믿어서가 아니라 동생까지 위험한 일에 끌어들이고 싶지 않았던 것이다. 그렇지만 운명은 쫑짝의 바람을 아무런 대가 없이 그냥 들어주지 않았다.

"사부님! 저 왔어요!"

쫑니는 늘 그랬던 것처럼 아침을 먹기 무섭게 퀴인의 대장간을 찾았다.

그런데 평소 같으면 쇠를 두드리는 소리로 요란해야 할 대장간이 조용했다. 대장간 문도 반쯤 부서져 너덜거리고 있었다.

쫑니는 불길한 예감에 안색을 굳히곤 대장간 안으로 뛰어 들어갔다.

"퀴인 사부님!"

대장간 안은 온통 어지럽혀져 있었고 풀무 옆에 퀴인이 온통 피투성이가 된 채 쓰러져 있었다. 쫑니는 퀴인의 몸에 꽂혀 있는 수십 개의 화살과 창들을 보고서 이런 짓을 한 게 한나라 병사임을 알아차렸다.

"어, 어째서…… 어째서! 사, 사부님!"

쫑니는 퀴인의 앞에서 무너지듯이 털썩 주저앉았다.

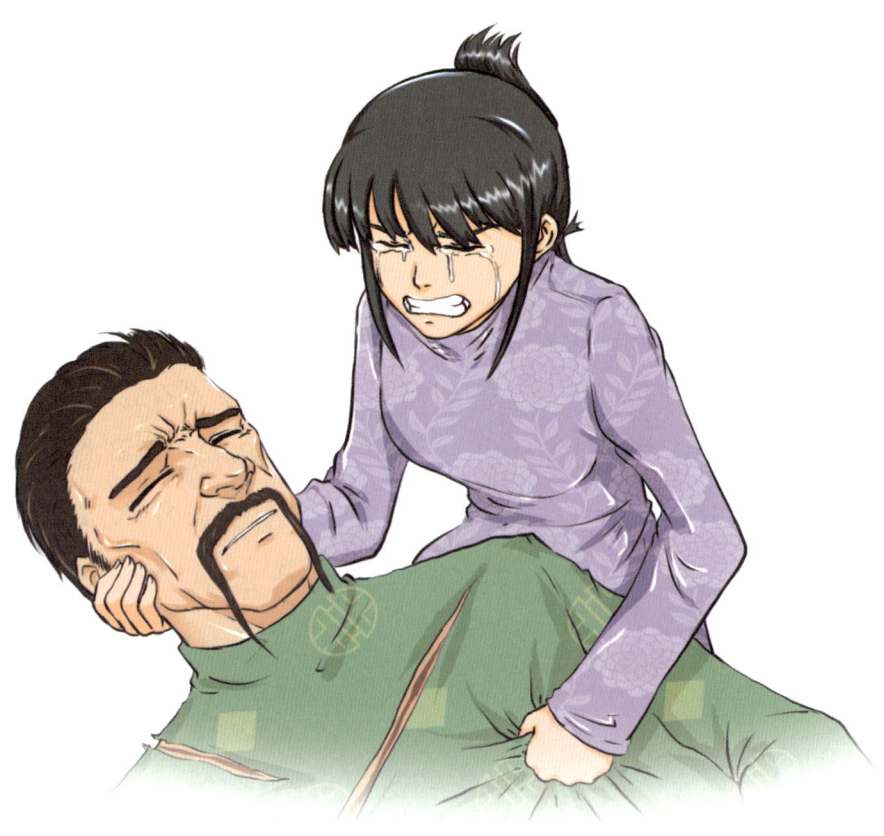

 그때, 죽은 줄 알았던 퀴인의 손가락이 꿈틀거렸다.
 "사부님! 정신 차리세요, 사부님!"
 쯩니는 퀴인을 와락 끌어안으며 소리쳤다.
 "쯔, 쯩니야⋯⋯. 지금 당장⋯⋯ 네 언니인 쯩짝을 찾아가 모든 게 발각됐다고⋯⋯ 몸을 피하라 이르거라."
 "도대체 무슨 말씀이세요?"
 "시, 간이⋯⋯ 없다⋯⋯. 어서, 어서⋯⋯."
 그 말을 끝으로 퀴인의 몸이 축 늘어졌다. 숨이 끊어진 것이다.

도무지 어떻게 된 영문인지 쫑니는 큰 돌로 머리를 맞은 기분이었다.

멍하니 앉아 있던 쫑니가 벌떡 일어서더니 집으로 내달렸다. 이유는 모르지만 쫑짝 언니가 위험에 처해 있는 게 분명했다. 옆 영지로 시집 간 쫑짝은 마침 부모님을 만나기 위해 집에 와 있었다.

"언니! 쫑짝 언니! 큰일 났어!"

쫑니가 막 집을 나서는 쫑짝을 발견하고는 숨을 몰아쉴 겨를도 없이 소리쳤다.

"큰일? 도대체 무슨 일인데 그러니?"

"퀴인 사부님이 모든 게 발각됐다고 몸을 피하라고 전하랬어! 퀴인 사부는 피투성이가 된 채로 돌아가셨다고! 도대체 무슨 일이야? 무슨 일이 벌어지고 있는 거야!"

쫑니가 울부짖었다.

모든 게 발각됐다는 말에 쫑짝의 얼굴이 창백해졌다. 눈앞이 아득해 지고 두려움에 심장이 벌렁거렸다.

"서, 서방님이 위험해! 서방님이!"

쫑짝이 마치 실성한 사람처럼 중얼거리더니 그대로 내달리기 시작 했다. 쫑니 역시 쫑짝을 따라 나섰다.

태양이 모든 것을 태워버리기라도 할 것처럼 이글거렸다. 한낮의 폭염은 잠시 동안 햇볕에 노출되는 것만으로도 무척 고통스러웠다.

쫑짝과 쫑니는 그런 폭염 속을 내달렸다. 땀이 비 오듯 쏟아졌다. 그렇지만 걸음을 멈출 수는 없었다. 사랑하는 티삭의 목숨이 경각에 달려 있었다.

달려야 했다. 달리다 쓰러져 목숨이 끊어진다 해도 달려야 했다.
마침내 멀리 아지랑이 너머 쭝짝의 집이 보였다.
'학학. 조금만 더! 조금만 더 달리면 서방님을 살릴 수 있을 거야!'
이미 숨이 턱까지 차올랐지만 쭝짝의 눈엔 오직 티삭의 얼굴만이 떠올랐다.
부드러운 미소, 은은한 음성, 따스한 손길이 떠올랐다.
같이 있는 것만으로도 너무나 행복한 사람!
목숨보다 더 사랑하는 사람!
그런데 뒤따라오던 쭝니가 몸을 날려 쭝짝을 덮쳤다. 쭝짝과 쭝니는 마을 주변에 있는 숲에 나뒹굴었다.
"무슨 짓이야!"
쭝짝이 불같이 화를 냈다. 지금까지 쭝니가 단 한 번도 본 적 없는 무서운 표정이었다.
"안 돼! 지금 가면 안 돼! 저거 안 보여?! 가면 언니도 죽는다고!"
쭝니는 쭝짝이 움직이지 못하도록 꽈악 껴안았다.
쭝짝의 집 주위엔 이미 수십 명의 한나라 병사들이 진을 치고 있었고, 입구에는 티삭과 독립운동을 하던 사람들이 피투성이인 몸으로 결박된 채 무릎을 꿇고 앉아 있었다.
곧이어 한나라 병사들에 의해 티삭이 문밖으로 끌려 나왔다.
"아, 아…… 안 돼!"
티삭을 보자 쭝짝이 뛰쳐나가려 했지만 쭝니가 손을 풀어 주지 않을

뿐만 아니라 다른 손으로 입까지 막아 버렸다. 쫑짝이 버둥거렸지만 무예로 단련된 쫑니의 힘을 이길 수는 없었다.
 번쩍이는 칼날이 이글거리는 태양 빛을 베어 냈다.
 동시에 집 앞으로 끌려 나온 티삭이 그 자리에 쓰러졌다. 한나라 병사들은 다른 사람들에게도 가차 없이 칼을 휘둘렀다.
 남아 있던 사람들도 차례로 쓰러졌다. 입이 막힌 쫑짝은 두 눈을 부릅뜨고 그 모습을 똑똑히 지켜보았다. 눈에서 피눈물이 흘러 내렸다.
 한나라 병사들이 집에 불을 붙였다.
 타타타탁-!
 불은 요란한 소리를 내며 순식간에 타올라 집을 집어삼켰다.
 한순간에 쫑짝의 모든 것이 활활 타올라 재로 변해갔다.
 사랑하는 남편과 가족들, 행복을 꿈꾸던 그들의 보금자리도, 꿈도 희망도 모든 게 타 버렸다.
 그리고 그 자리엔 지옥과도 같은 복수심만이 남아 있었다.

은채와 조우한 쫑자매

쫑짝과 쫑니 자매는 숲으로 몸을 피했다.

한나라 병사들이 쫑짝을 잡기 위해 부모님과 부모님의 집까지 모두 뒤집은 터라 이제 가족이라곤 쫑짝과 쫑니 자매뿐이었다.

한동안은 아무것도 할 수 없었다.

한순간에 모든 것이 사라져 버린 참담함에 넋이 나간 것이다. 하지만 시간이 흐를수록 저항 한번 못 하고 죽어간 티삭과 부모님의 모습이 너무도 선명하게 눈앞에 아른거렸다.

복수를 하지 않는다면 마음 편히 살 수 없을 것만 같았다.

'복수하고 말겠어. 반드시!'

쫑자매는 복수를 하기 위해 슬픔을 털고 일어섰다.

"퀴인 사부님은 어떻게 된 거야? 사부님도 같은 동지였어?"

언니로부터 비밀 조직에 대해 알게 된 쫑니가 물었다.

"사실 퀴인 어르신께서 우리 조직에서 가장 중요한 분이셨어. 조직원들이 쓸 무기도 만드셨고. 어떻게 싸워 나가야 할지를 정해 주셨지."

"그랬군! 근데 왜 내겐 얘기하지 않은 거야? 내가 내 몸 하나 지키자고 그 고생을 참아 온 줄 알아?! 소중한 사람들을 지키고 싶어서였어!"

쫑니는 이런 엄청난 비밀을 감춰 온 언니가 서운하고 원망스러웠지만 언니의 마음이 어떤지 알기에 더는 원망할 수 없었다.

"배신자를 찾아내 조직을 다시 만들겠어! 그래서 이 땅에서 한나라를 몰아내겠어! 단 한 명도 남아 있지 않을 때까지 그놈들과 싸우겠어!"

자매가 맨 처음 시작한 것은 바로 비밀 조직을 밀고한 배신자를 찾아내는 일이었다. 사실 쫑짝이 독립운동을 하며 가장 두려워한 것은 바로 조직을 배신하는 자들이 생기지 않을까 하는 것이었다. 쫑짝은 이 모든 일이 배신자에 의해 벌어진 것이라는 것을 직감했던 것이다.

쫑짝은 살아남은 사람들을 은밀히 만나 배신자가 누구인지를 탐문하기 시작했다.

마침내 쫑자매는 비밀 조직을 밀고한 자를 찾아냈다. 그자는 레콩빈이라는 남자로, 베트남인들의 신망이 두터운 영주였다.

레콩빈은 겉으로는 베트남인들을 위하는 시늉을 하며 신임을 얻었지만 사실은 한나라와 결탁하여 베트남인들의 독립운동을 탄압하고 있었다. 말하자면 베트남을 팔아먹는 매국노였던 것이다.

배신자를 찾아낸 쫑자매는 조용히 때를 기다렸다. 당장이라도 그 자를 처단하고 싶었지만 괜히 서두르다가 일을 그르칠 수는 없었다.

저택의 삼엄한 경비를 뚫고 들어가 레콩빈을 처단하는 일은 쫑니가 맡기로 했다. 쭝짝은 자신의 손으로 배신자를 처단하고 싶었지만 이런 일은 무술로 단련된 쭝니 혼자 움직이는 것이 좋다는 것을 잘 알고 있었다.

자신의 욕심 때문에 대의를 망칠 수는 없는 일이었다.

그리고 며칠 후, 폭풍우가 몰아치던 날 밤 시커먼 복장을 한 쭝니가 레콩빈의 저택 지붕을 타고 올랐다.

우르르릉 꽈꽝! 쏴아아아-!

천둥과 번개가 하늘을 갈라놓자 그 사이로 엄청난 폭우가 떨어져 내렸다. 예상했던 대로 폭풍 때문에 경비는 꽤 허술해져 있었다.

쭝니는 어둠을 틈타 레콩빈의 침실로 숨어들었다.

넓고 화려한 침실의 침대 위에는 레콩빈이 곤히 잠들어 있었다. 번개 불빛이 번쩍일 때마다 마치 하마처럼 커다랗게 살이 찐 레콩빈의 배가 들썩거리는 것이 보였다.

이 자는 도대체 같은 동포들의 고혈을 얼마나 짜내어 받아먹었으면 이리도 뒤룩뒤룩 살이 쪘단 말인가?

쭝니는 레콩빈의 목에 칼을 겨눴다.

번쩍-! 우르르릉 꽝!

천둥소리때문인지 아니면 목덜미에 닿은 차가운 금속의 느낌 때문이었는지 자고 있던 레콩빈이 번쩍 눈을 떴다.

"누, 누구냐 넌?"

레콩빈은 복면으로 얼굴을 가린 채 저승사자처럼 검을 겨누고 있는

쫑니를 보고 경악하지 않을 수 없었다.

"배신자. 네놈의 배신 때문에 얼마나 많은 동지들이 피를 뿌리며 죽어갔는지 아느냐? 동지를 배신하고도 살기를 바라진 않겠지!"

"그, 그건 오해야! 어디 누구한테서 그런 소리를 들었는지 모르지만 난 아무 잘못이 없어! 정말이야!"

침상에서 반쯤 몸을 일으킨 레콩빈이 뒤로 손을 뻗어 침대 머리맡에 놓아 둔 칼을 찾아 더듬거리며 얘기했다.

"닥쳐! 네게 마지막으로 잘못을 회개할 기회를 주고자 했거늘!"

그랬다. 쫑니는 레콩빈이 동포를 팔아먹은 잘못에 대해 용서를 구하길 기대했다.

하지만 레콩빈은 결코 용서를 빌 인물이 아니었다. 오히려 머리맡의 칼을 움켜쥔 레콩빈이 벼락처럼 칼을 휘둘렀다.

"감히 나를 죽이려 한단 말이냐!"

"헉!"

갑작스러운 공격에 흠칫 놀란 쫑니가 간발의 차이로 레콩빈의 칼을 흘려보내며 동시에 칼을 휘둘렀다.

피훗우우웃-!

가히 번개와 같은 속도로 쫑니의 칼날이 레콩빈의 목을 쓸고 지나갔다. 쫑니가 오랫동안 무예를 수련해 온 결과가 빛을 발한 것이다.

눈을 부릅뜬 채 그대로 멈춰 선 레콩빈은 미동도 하지 않았다.

쫑니의 칼에 배신자인 레콩빈의 숨이 끊어진 것이다.

"침입자다!"

"영주님께서 돌아가셨다! 잡아라!"

레콩빈의 저택 안은 곧 경비병들로 소란스러워졌다. 레콩빈을 죽이고 빠져 나오던 쯩니가 경비병과 마주쳤던 것이다. 곧 경비병들이 숙소에서 쏟아져 나왔다.

그마나 다행스러운 것은 몰아치는 폭풍우로 인해 횃불을 켤 수가 없다는 것이었다.

"어느 쪽이냐? 출입문을 막아라!"

"놈을 찾아라!"

칠흑 같은 어둠속에서 쯩니를 찾는 건 쉬운 일이 아니었다. 부산하게 움직이던 경비병 셋이 마침 번쩍인 번개의 섬광에 후원 담장 쪽으로 움직이던 쯩니와 마주쳤다.

"놈이다! 죽여라!"

경비병이 쯩니에게 달려들었다.

크으윽! 컥! 파팍-!

어둠속에서 무기가 부딪치는 소리와 둔탁한 신음소리가 흘러나왔다. 쯩니의 칼에 경비원들은 순식간에 쓰러지고 말았다. 쯩니는 훌쩍 후원의 담장을 뛰어넘어 어둠 속으로 사라졌다.

배신자를 처단하는 데 성공한 쯩자매는 약간이나마 원한을 갚은 것 같은 느낌이었다. 하지만 그것은 극히 작은 일부분에 지나지 않았다. 진정 원한을 갚는 것은 베트남 땅에서 한나라 병사들을 몰아내고 나라를 되찾는 것이었다.

베트남은 벌써 100여년 가까이 한나라의 지배를 받고 있었다. 그나마 지금까진 직접 지배가 아닌 속국 형태의 간접 지배였지만 한나라가 통치 방법을 변경하면서 베트남에 관리를 파견하는 등 직접적인 지배 형태로 바뀌었다.

한나라인들의 의한 직접 지배는 베트남인들에게는 무척이나 가혹한 일이었다. 한나라인들은 지배자의 위치를 이용해 베트남인들을 착취하고 괴롭혔다. 한나라의 행패가 극심해지면서 베트남인들은 독립을 꿈꾸기 시작했다.

하지만 누구 하나 선뜻 군사를 일으키거나 반란을 일으키지 못했다. 죽음이 두려웠던 것이다. 누구든 한나라에 대항하는 자는 목이 떨어졌고, 목숨이 아까운 자들은 고개를 숙일 수밖에 없었다.

티삭도 독립을 꿈꾸었지만 결국 죽임을 당했다.

쯩자매는 배신자를 처단하고 나자 독립운동을 위한 새로운 조직을 재건하기 시작했다. 우선 지난번 난리에 죽은 동료들의 남은 가족들과 함께 밀림 깊숙이 들어가 산채를 지었다. 하지만 조직을 운영하기엔 숫자가 터무니없이 부족했고 그나마도 거의 전부가 여자들이었다.

한나라 병사들과의 싸움은 꿈도 꾸지 못할 상황이었다.

"여기 칼을 쓸 줄 아는 사람 있나요?"

쯩짝이 산채에 모인 사람들에게 물었다.

아무도 대답하는 사람이 없었다. 하긴 지금껏 남편과 아이들을 뒷바라지해 온 게 전부인 여자들이 칼을 써 봤을 리가 없었다.

"지금 우린 칼을 잡아야 해요. 한나라 병사들은 우리가 여자라고 해서 살려두지 않아요. 살기 위해서 칼을 잡고 싸워야 해요. 나 역시 칼을 잡을 겁니다. 모두 칼을 쓰는 방법을 배워야 합니다."

쯩짝과 여자들은 쯩니에게서 칼을 다루고 사용하는 방법을 배웠다.

"칼 앞에서는 누구나 똑같아요! 먼저 베지 않으면 내가 죽는 겁니다. 하지만 그건 상대방도 마찬가지입니다. 그러니 칼 앞에서 두려워하거나 뒷걸음질하는 사람은 반드시 죽게 될 것입니다. 죽기 싫으면! 저들에게 복수하고 싶다면 칼을 들고 싸워야 합니다. 누구보다 치열하게 싸워야 합니다!"

쯩니는 자신이 무예를 배울 때보다 더욱 혹독하게 사람들에게 싸우는 법을 가르쳤다.

전쟁은 한 번의 실수가 죽음으로 이어지니만큼 혹독한 훈련만이 살아남을 수 있는 가능성을 높일 수 있다는 것을 잘 알고 있던 것이다.

훈련은 순조로웠지만 문제는 다른 곳에 있었다.

바로 뜻을 가진 사람들을 모으는 것이 난관에 봉착한 것이다.

베트남인들은 누구나 독립을 바랐지만 선뜻 나서는 것을 무척이나 꺼려하였다. 그렇다고 해서 마을로 가 대놓고 사람들을 모아 선동할 수도 없었다.

이미 쯩자매에겐 현상금이 붙어 있었고, 한나라 병사들이 그녀들을 잡으려 눈에 불을 켜고 있었다. 같은 베트남인 중에도 현상금을 노리고 쯩자매를 고발하는 일이 종종 있었기에 함부로 마을을 돌아다닐 수도 없었다. 그러니 사람들을 모집하는 일이 더욱 힘이 들었다.

"무슨 방법을 찾아야지 이대로는 아무 것도 할 수 없어!"

쯩짝과 쯩니는 틈만 나면 사람들을 모집할 수 있는 방법을 고민했다.

"다들 이대로 한나라의 노예로 사는 게 좋은 걸까? 어째서 싸우려는 생각을 하지 않는 거지? 그렇게 가만히 있으면 독립이 저절로 되냐고!"

쯩니는 곧잘 흥분을 했다.

"어떻게 희생 없이 나라를 되찾을 수 있겠어! 모든 베트남인들이 하나로 똘똘 뭉쳐 죽기 살기로 싸우지 않으면 불가능한 일이야!"

쯩짝은 아무런 말도 할 수 없었다.

쯩니의 말에 틀린 게 없었기 때문이었다. 그렇지만 억지로 사람들을 끌고 올 수도 없는 일이고 억지로 싸우라 할 수도 없는 일이었다.

지금 할 수 있는 최선은 어찌 됐든 사람들을 설득하는 일이다.

어두워지면 쯩 자매는 마을로 가 사람들을 찾아다녔다.

"언제까지 저들의 노예로 살 것입니까? 아무런 이유 없이 형제와 자매, 부모와 남편이 죽고 있습니다. 저들을 이 땅에서 몰아내지 않는다면 여러분도 같은 일을 당하게 될 것입니다. 싸웁시다. 우리 모두 힘을 합쳐 같이 싸운다면 분명히 저들을 몰아낼 수 있습니다."

쯩짝은 필사적으로 사람들을 설득했지만 다들 주저하고 두려워했다.

"쯩짝! 한나라 병사들이야! 누군가 밀고한 것 같아! 어서 여기서 빠져나가야 돼!"

산채의 동료가 사람들이 모여 있는 마을 창고로 뛰어들며 소리쳤다.

흠칫 놀란 쯩짝과 쯩니가 창고에서 뛰어 나갔다.

"현상금이 붙은 자들이다! 놓치지 마라! 반드시 생포하라!"

횃불을 든 한나라 병사들이 몰려들었다.

"어서 여길 빠져나가자! 어서!"

쫑자매와 동료들은 마을에서 도망쳐 밀림 속으로 내달렸다.

주변에 울창한 밀림이 있다는 것은 쫑자매와 동료들에게 무척이나 큰 행운이었다. 어릴 때부터 밀림에 드나들며 자란 이들에게 울창한 밀림은 몸을 숨기기에 더할 수 없이 좋은 곳이었다.

보통은 밀림까지 오기 전에 추적을 포기하곤 했던 한나라 병사들이 오늘은 작심을 한 듯 깊숙한 곳까지 추적해 왔다.

쫑짝과 쫑니는 가까이 접근하고 있는 한나라 병사들이 스쳐 지나가기를 숨죽여 기다리고 있었다. 그런데 바로 그 순간, 털썩 소리와 함께 한 소녀가 떨어져 내렸다.

너무도 갑작스러운 일이라 쫑자매는 심장이 멎는 것 같았다.

그런데도 한나라 병사들을 따돌릴 수 있었던 것은 너무도 운이 좋았다고 할 수 있다.

도무지 정체를 알 수 없는 소녀. 머리에서부터 발끝까지 이상하기 이를 데 없는 소녀!

쫑짝은 은채를 산채로 데리고 왔지만 도무지 뭘 어찌해야 할지 감이 오지 않았다.

정말로 쫑니의 말처럼 죽여야 하는 걸까?

은채의 조언

"지금, 먼 미래에서 왔다고 했니?"

은채를 산채로 데리고 온 쭝짝이 은채와 마주보고 앉아 있었다.

"지금이 몇 년이야? 그걸 알면 미래에서 어느 정도 과거인지 정확히 알 수 있거든."

"몇 년?"

"어, 몰라? 하긴 옛날에는 햇수를 세는 게 다 달랐으니까. 좀 전에 한나라 병사 어쩌고 하는 걸 보니까 중국 한나라랑 관계가 있는 거 같은데…… 잠깐만, 한나라라면…….

은채는 묶인 손을 들어 겨우겨우 셈을 하기 시작했다.

"한나라가 내 기억으로는 분명 기원전인지 기원후인데. 쳇! 이럴 줄 알았으면 역사 공부를 잘 해 두는 건데. 뭐 어찌됐든 기원 전후니까…… 대략 이천년……. 에엑! 이, 이, 이천년 전이라고?!"

셈을 해 보던 은채가 혼자 경악한다.

"이천년이라니…… 네가 이천년 후에서 왔다는 것이냐?"

"그렇게 오래될 거라고는 생각 못 했는데…… 아무래도 그런 것 같아. 흐……."

자신도 믿지 못하겠다는 듯이 은채는 어색하게 미소 지었다.

"더 들어 볼 것도 없어! 미친 것 같은데 그냥 죽여 버리자니까!"

쭝짝의 한 걸음 뒤에 서 있던 쭝니가 칼을 꺼내려고 했다.

"그럼 한 가지만 묻겠다."

쭝짝이 한손으로 쭝니를 제지하며 얘기했다.

"넌 아까 분명 우리를 아는 눈치였다. 그렇다는 것은 네가 미래에서 왔으니 우리의 운명이 어떻게 됐는지도 알고 있다는 뜻이지? 말해라. 우리가 어찌 되는지."

"그, 그건!"

쭝짝의 물음에 은채는 말문이 막혔다.

사실 이들의 이름은 기억해 냈지만 이들에게 어떤 일이 일어났었는지는 기억이 안 났기 때문이었다.

"사실은…… 모르겠어. 너희 운명이 어찌되는지. 얼핏 이름은 기억이 나는데 무슨 내용이었는지는 도무지……."

은채의 말에 쭝짝의 표정이 싸늘해졌다. 그 얼굴을 정면에서 바라본 은채의 등골이 오싹해졌다.

"하, 하지만! 이건 확실하게 말할 수 있어! 너희들의 이름이 분명히 역사에 남는다는 것! 그거면 충분하지 않아? 분명 뭔가 업적을 이루었다는 거잖아! 그렇지 않았다면 내가 어찌 너희들 이름을 기억하고 있겠어? 안 그래?"

은채가 최대한 쭝짝의 기분이 풀릴 만한 말을 골라 했지만 쭝짝의 표정은 여전했다.

"모든 게 믿기 힘들다는 거 나도 알아! 하지만 내 말이 모두 사실이라는 것을 증명할 수 있는 게 있어!"

"그게 뭔지 말해 봐라."

쭝짝의 목소리가 지금까지와는 달리 무척이나 차가웠다.

"네 주머니에 보석이 있을 거야. 속이 다 들여다 보일 듯이 훤히 비치는 커다란 보석! 우린 그걸 다이아몬드라고 불러!"

"다이아몬드?"

"맞아, 다이아몬드!"

"만일 내 주머니에 그 다이아몬드란 게 없다면 넌 살기 힘들 것이다!"

쭝짝이 자리에서 일어섰다.

은채는 가슴이 두근거리지 않을 수 없었다. 쭝자매의 부하들에게 끌려가며 우연히 뒤를 돌아보았을 때 멀리서 쭝짝이 다이아몬드를 발견해 주머니에 넣는 것을 얼핏 보았던 것이다.

만약에 쭝짝이 다이아몬드를 이미 다른 곳으로 옮겨 놓고 모른 척하면 꼼짝없이 죽게 될 판이었다.

쭝짝이 주머니에 손을 넣었다.

두근! 두근! 두근!

은채의 심장 소리가 더욱 빨라졌다.

쫑짝이 주머니에서 손을 꺼내 손을 펼쳤다. 그러자 다이아몬드가 쫑짝의 손바닥 위에서 찬란하게 빛을 발했다.

"이, 이것은?!"

쫑짝과 쫑니는 깜짝 놀라지 않을 수 없었다.

"이런 게 어떻게 내 주머니에……!"

사실 쫑짝은 이미 알고 있었지만 마치 처음 보는 것처럼 놀란 표정을 지었다. 다이아몬드에 대해 혼자만 알고 있었고 숨기고 있었다고 쫑니가 오해를 할 수도 있기 때문이었다.

물론 쫑짝은 주머니에서 다이아몬드를 꺼내지 않을 수도 있었다. 하지만 쫑짝은 이 다이아몬드의 용도가 무척 궁금했다.

"그걸 내게 준다면 난 다시 미래로 돌아가게 될 거야!"

은채가 쫑짝에게 손을 내밀었다.

쫑짝은 고요한 시선으로 은채를 바라보았다.

"어서! 난 나의 시대로 돌아가야 한다고!"

쫑짝은 망설였다.

은채의 말이 사실이라면 이 다이아몬드를 넘겨준 순간 눈앞에서 정말 사라져 버릴 것이다. 아무것도 남기지 않고 사라지게 두는 것보다는 일단 옆에 놓고 두고 보는 편이 낫다는 생각이 들었다.

정말로 미래의 존재라면, 어떤 식으로든 도움이 될지 모르니까 말이다.

물끄러미 은채를 바라보던 쫑짝이 보석을 꽉 움켜쥐었다.

"미안하지만 지금 이걸 네게 줄 순 없다. 나를 도와다오! 분명 네가 가진 지식은 내게 도움이 될 터! 내 꿈을 이루는 것을 네가 도와준다면 이것을 돌려줄 것이다!"

"네, 꿈이…… 뭔데?"

"우리 베트남 땅에서 한나라 군사들을 몰아내고 베트남의 독립을 이루는 것이다!"

"그, 그럼 너의 병사들은 얼마나 있는데?"

"솔직히 병사라고 하기도 부끄러운 수준이다. 여기 있는 게 다니까."

"여, 여기 있는 게 다? 고작 열 명쯤 되는 것 같은데 그게 다라고? 그것도 대부분 아줌마 같던데?"

"그게 다다."

"아악! 이걸로 어떻게 한나라 군사들을 몰아내!"

은채가 버럭 소리를 질렀다.

"그러니까 방법을 생각해 봐! 그래야 하루빨리 다이아몬드를 돌려받을 수 있을 테니까."

쫑짝이 휙 돌아서 문 쪽으로 걸어갔다.

"쫑니! 걔 풀어줘! 어차피 다이아몬드를 받기 전엔 도망치지 않을 테니까."

"엥? 자, 잠깐!"

쫑니는 쫑짝을 따라가려다 멈칫하더니 은채를 향해 칼을 내리 그었다. 쫑니의 칼이 지나간 자리엔 툭 끊긴 밧줄만 남아 바닥으로 떨어졌다.

"너, 운 좋은 줄 알아!"

쫑니는 은채를 한번 노려보곤 쫑짝을 따라 밖으로 나갔다.

"뭐야. 한방에 깨끗하게 줄만 끊어 버리다니 보통 실력이 아니잖아!"

은채는 줄에 묶여 있던 자신의 손과 팔을 만지며 중얼거렸다. 그러고는 금방 죽을 뻔했다는 사실을 잊어 버린 채 문 밖으로 나갔다. 잡혀올 때는 보지 못했던 산채의 풍경이 고스란히 눈에 들어왔다. 나무와 나뭇잎 등으로 만든 집들이 나무로 만들어진 울타리 안에 옹기종기 모여 있었다.

은채는 아이들과 여자들이 식사 준비를 하느라 분주한 모습을 보며 한숨을 푹 내쉬었다. 도대체 이들을 데리고 어떻게 한나라 군사들을 몰아내겠다는 것인지, 눈앞이 아득해지는 기분이었다.

"언니는 그 은채란 애 말을 믿는 거야?"

쫑니가 여전히 불만스러운 표정으로 물었다.

"글쎄. 믿고 안 믿는 게 중요한 게 아니라 우리에게 도움이 될지 안 될지가 중요해. 도움이 안 된다면 언제든지 처단할 수 있어."

"하긴 마음만 먹는다면 없애는 건 쉬우니까! 근데 내가 보기엔 뭐 할 줄 아는 것도 없을 것 같은데 도움이 되겠어?"

"기다려 보면 알게 되겠지."

쭝짝이 침상 위에 드러누웠다.

"며칠째 한숨도 못 잤더니 잠이 쏟아져 못 견디겠어. 나 잠깐 눈 좀 붙일 테니 너도 잠 좀 자 둬."

쭝짝이 눈을 감았다.

"그래 뭐, 언니 말처럼 도움이 될지 안 될지는 곧 알게 되겠지. 흐아아암."

쭝니도 길게 하품을 하더니 곧 곯아떨어졌다.

은채가 산채에 도착한 지도 며칠이 지났다.

쭝자매는 은채가 산채에서 자유롭게 생활할 수 있도록 내버려 두었다. 다이아몬드도 이쪽에 있고, 워낙 밀림 깊숙한 곳이라 따로 도망칠 곳도 없다고 판단한 것이었다.

산채에서의 생활은 은채가 말로만 듣고 책으로만 공부했던 원시인의 삶과 다를 바 없었다. 이들은 쌀이 부족해 대부분의 음식을 사냥으로 충당했다.

"그, 그거 원숭이 아냐?"

산채의 사람들은 원숭이 고기를 무척 좋아했다. 쫄깃하고 단맛이 월등하다나!

"그걸 먹으라고?"

프엉이라는 이름의, 은채와 비슷한 나이의 여자아이가 막 구운 원숭이 고기를 뿍 찢어 은채에게 내밀었다. 하지만 은채는 도무지 먹을 용기가 나질 않았다.

"먹어. 너 거의 못 먹었잖아."

프엉은 여전히 고기를 내밀었다. 사실 은채는 프엉의 말처럼 며칠 동안 거의 먹지 못했다. 도무지 입에 맞는 게 없어서였다.

아니나 다를까, 며칠을 굶은 위는 고기 냄새를 맡자마자 먹을 걸 내놓으라며 난리를 쳤다.

꼬르르륵…… 꼬르르륵……!

더 이상 버틸 수가 없어진 은채는 프엉이 내민 고기를 덥석 움켜쥐고는 뜯기 시작했다. 눈 딱 감고 한 입 베어 문 후에 은채는 눈이 휘둥그레졌다. 처음 먹는 원숭이 고기가 이렇게 맛있을 줄이야!

"더 없어?"

은채는 염치불구하고 또 손을 내밀었다.

"여기! 난 괜찮으니까 더 먹어!"

프엉이 미소를 지으며 자신의 몫까지 은채에게 넘겨주었다.

프엉은 비슷한 또래여서인지 은채와 자주 어울렸다. 은채가 산채 생활에 적응할 수 있도록 이것저것 많은 것을 가르쳐 주었고 많은 것을 챙겨 주기 위해 노력했다.

프엉은 아버지가 독립을 위한 비밀 조직에 관련되어 있었는데 조직이 무너질 때 아버지뿐만 아니라 어머니와 다른 동생들까지 모두 한나라 병사들에게 죽임을 당했다고 했다. 가까스로 프엉 혼자 살아남아 쯩자매와 함께하게 되었던 것이다.

은채는 프엉 덕분에 현재 베트남의 상황과 산채 사람들이 처한 어려움 등을 자세히 알 수 있었다.

"이제쯤이면 뭔가 방법을 얘기할 거라 생각했는데? 더 기다려 줘야 하니?"

은채의 뒤에 언제 다가왔는지 쯩자매와 사람들이 서 있었다.

"오셨어요?"

쯩자매를 본 프엉이 벌떡 일어서 인사했다.

"흥! 아직 아무 것도 생각한 게 없나 보군!"

쯩니의 얼굴엔 노골적으로 무시하는 투가 역력했다.

"천만에!"

은채가 벌떡 일어섰다.

"두 가지 방법이 있어!"

은채는 팔짱까지 끼며 당당한 표정으로 얘기했다.

"두 가지 방법? 그게 뭔지 들어 볼까?"

쯩짝이 은채의 앞으로 나서며 대답했다.

"첫째도 사람을 구하는 것이고 둘째도 사람을 구하는 것이야!"

"그게 무슨 뜻이지?"

"첫 번째, 혹시 제갈공명이라고 들어 봤어?"

"제갈공명? 그게 뭔데?"

"음…… 제갈공명이 태어나려면 아직 멀었던가?"

은채가 난감하다는 듯 혼자 중얼거렸다.

"미래에 제갈공명이라는 엄청 유명한 책략가가 나오거든. 쉽게 얘기하면 책략가, 즉 싸우는 방법이나 조직을 만들고 전략을 짜는 데 능한 자를 구해야 한다는 거야."

"제갈공명이 그런 뜻이었군. 그럼 두 번째로 구해야 하는 사람은 무엇이냐?"

"한나라 군사들과 싸울 수 있는 사람이야."

"누가 그럴 몰라서 이러는 줄 알아?! 그러니까 그 사람들을 어떻게 구하냐고! 그걸 묻는 거 아냐!"

쫑니가 버럭 소리를 질렀다.

"음. 그쪽은 참을성이 부족하고 욱하는 성질이 있는 것 같네."

"뭐야?!"

쫑니가 당장이라도 달려들 듯이 눈을 부라렸다.

"쫑니!"

쫑짝이 그런 쫑니를 나무라듯이 눈을 흘겼다.

"언니! 난 이 녀석이 별로 마음에 안 든다니까!"

"사람들을 모을 수 있는 방법을 말해 봐!"

쫑짝이 쫑니의 불평에도 아랑곳없이 은채에게 물었다.

"마을 사람들이 가장 두려워하는 것이 뭐지?"

은채가 되물었다.

"그거야 한나라 병사나, 숲에 사는 호랑이를 가장 두려워하겠지."

"그래? 바로 그거야, 호랑이!"

"호랑이로 사람들을 모을 수 있다고?"

쫑짝이 도무지 믿을 수 없다는 표정으로 중얼거렸다.

"내가 생각하기엔 사람들이 당신들을 따르지 않는 것은 당신들이 여자라서 강해 보이지 않기 때문이야. 싸움에서 이길 수 있다는 희망이 있어야 사람들이 당신을 따를 거 아냐? 하다못해 도박에 돈을 거는 것도 자신이 생각하기에 이길 수 있다고 믿는 쪽에 거는 거니까! 한나라 병사들과 싸워서 이길 수 있다는 것을 보여 줘야 사람들도 싸울 마음이 생기지 않겠어?"

"한 마리 있어요! 사람들의 마음을 돌려 놓을 수 있을 호랑이가!"

프엉이 소리쳤다.

"서, 설마 그놈을 말하는 거니?"

"어떻게 그놈을 잡는단 말이냐? 그건 불가능한 일이야!"

웅성거리는 사람들의 얼굴엔 두려움으로 가득했다.

프엉이 말하고 사람들이 떠올린 호랑이는 바로 죽음의 호랑이 또는 지옥의 백호라 부르는 호랑이였다. 그 호랑이는 크기가 보통 호랑이의 두 배에 달할 뿐 아니라 온몸이 하얀 털로 뒤덮인 백호였다. 이 백호를 잡겠다고 나선 사람들 중 살아남은 사람은 없었다.

호랑이 전문 사냥꾼들도 백호를 잡기 위해 여러 명이 숲으로 들어갔지만 아무도 살아 돌아오지 못했다. 그때부터 그 백호는 지옥의 백호 또는 죽음의 백호라 불리며 두려움의 대상이 되었다.

그 이름을 말하는 것만으로도 사람들로 하여금 무시무시한 두려움에 떨게 하는 호랑이! 이 호랑이를 잡는다면 분명 사람들도 쫑자매를 인정할 것이다.

하지만 그것은 너무도 위험천만한 일이었다. 어떤 위험한 일에도 두려움을 느끼지 않는 쫑니도 이번 일만은 선뜻 나서지 못했다.

"너의 말이 일리가 없는 것은 아니지만 지옥의 백호와 맞서 이길 수 있는 자는 없어!"

쫑짝이 체념한 듯 얘기했다.

"아니야! 그 놈을 잡아서 사람들을 모을 수 있다면 해볼 만한 일이야!"

"뭐라고?"

쫑니의 말에 쫑짝을 비롯한 산채의 모든 사람들이 깜짝 놀라지 않을 수 없었다.

"정말 지옥의 백호에게 맞서겠단 거야? 네가 아무리 무예에 뛰어나다고 해도 이건 미친 짓이야. 알아?"

"한나라를 몰아내겠다는 것부터 미친 짓 아니야? 여기서 이렇게 더 이상 시간을 보낼 순 없어! 어차피 다들 목숨 걸고 여기 있는 거잖아! 내가 그놈을 잡겠어! 반드시 잡고 말겠어!"

쫑니의 눈이 이글거렸다. 이미 결심이 확고하게 선 표정이었다.

쫑짝도 쫑니의 결심을 읽었는지 더 이상 반대하지 못했다.

"너, 은채라고 했냐? 이건 알아 둬! 만약에 네 말대로 지옥의 백호를 잡았는데도 사람들이 모이지 않는다면 그땐 용서하지 않을 거야!!"

은채를 노려보는 쫑니의 눈이 간담이 서늘하도록 차가웠다. 은채는 아무런 대답도 못 하고 어색한 미소를 지으며 고개를 끄덕거렸다.

삐이이익-!

그때 날카로운 새소리가 길게 울렸다.

"침입자다!"

"서둘러라, 어서!"

쫑자매와 사람들은 흠칫하더니 재빨리 무기를 챙겨들고 산채 입구에 매복을 했다.

'혹시 한나라 병사들일까? 지금 한나라 병사들이 들이닥치면 산채는 전멸하고 말 텐데!'

은채는 불안한 시선으로 울창한 밀림을 바라보았다.

그리 멀지 않은 곳에서 부스럭거리며 나뭇잎이 흔들리는 모습이 보였다. 쫑자매와 사람들은 잔뜩 긴장한 채 흔들리는 나뭇잎을 바라보았다.

후앙과 백호

"으악! 사람 살려!"

비명과 함께 밀림 속에서 한 남자가 뛰쳐나왔다.

"으악! 으아악! 문 좀 열어 줘요! 어서 열어 주라니까요!"

남자는 호들갑을 떨며 산채의 문을 두드렸다.

곳곳에 매복해 있던 쭝자매를 비롯한 모든 사람들이 고개를 내밀어 남자를 바라보았다.

삐이이익-!

또다시 어디선가 묘한 새소리가 길게 울렸다. 그것은 산채에서 떨어진 곳에서 보초를 서고 있는 자가 보내는 신호로 다른 침입자는 없다는 뜻이었다.

즉, 침입자는 지금 문을 두드리는 남자 한 명이라는 얘기였다. 침입자가 한 명이라면 그리 걱정할 일은 아니었다.

"일단 문을 열어라!"

쫑짝이 소리를 지르자 산채의 문이 열렸다.

"어이쿠!"

문이 열리기 무섭게 안으로 뛰어 들어온 남자가 꼴사납게 나뒹굴었다.

"아하하하하!"

남자가 넘어지는 모습을 보며 사람들이 웃음을 터트렸다.

"휴! 죽는 줄 알았네! 내가 여길 찾느라 얼마나 고생했는지 알아요? 나중엔 호랑이 놈들까지 나를 쫓아 왔다니까요!"

남자는 위험이 사라졌다고 느꼈는지 얼굴이 한결 밝아진 채 자리에서 일어서 옷을 툭툭 털며 얘기했다.

비록 옷은 여기 저기 뜯기고 찢어져 남루했지만 짙은 눈썹과 우수 어린 총명한 눈동자, 오뚝한 콧날이 무척이나 고운 외모를 가진 남자였다. 호리호리한 체격을 가진 남자는 이제 갓 스물이나 되었을까 싶었다.

"네놈은 누구냐?! 허튼 수작을 부리려 한다면 내가 가만두지 않을 것이다!"

쫑니가 버럭 소리를 질렀다.

"하하하. 목소리가 우렁찬 걸 보니 이분이 쫑니님이시군."

남자가 부드러운 미소를 지으며 얘기했다.

"그리고 이분은 쫑짝님이실 테고요. 처음 뵙겠습니다. 저는 난빈의 부 후앙이라고 합니다. 몇 달 전부터 쫑자매님들이 독립을 위해 싸우고 있다는 소리를 들어 미력한 힘이나마 보탤 수 있을까 하여 수소문

끝에 이곳에 오게 되었습니다."

자신을 후앙이라고 소개한 남자가 쫑짝에게 정중히 인사를 했다.

'후앙이라고?'

남자의 이름이 후앙이라는 소리를 듣는 순간 은채는 깜짝 놀라지 않을 수 없었다.

'설마 이 남자가 후안일까?'

비록 매번 모습은 달랐지만 타임슬립을 할 때마다 은채의 앞엔 후안과 닮은 남자가 나타났다. 이번에도 그를 만날 수 있을까 싶어 은채는 눈을 빛냈다.

'혹시 날 기억하고 있을까?'

은채는 과거의 기억들을 떠올렸다. 후안, 알렉세이, 주몽, 잊지 못할 얼굴들이 선명하게 생각났다. 달콤하고 짜릿했던 키스의 순간도, 시리도록 가슴 아픈 이별의 순간도 눈앞을 스쳐 지나갔다.

그때 후앙이 은채를 바라보았고 은채와 시선이 부딪쳤다.

무척이나 호기심 어린 눈동자였다. 하지만 그 뿐이었다.

후앙에게선 은채를 기억하는 그 어떤 단서도 찾을 수가 없었다.

"난빈의 부씨라면 혹시 부 반바오란 분을 아느냐?"

쫑짝이 물었다.

"제 아버님입니다."

"오오! 정녕 그대가 부 반바오님의 아들이란 말이냐?!"

쫑짝이 덥석 후앙의 손을 잡았다.

부 반바오는 쫑짝의 남편 티삭이 독립을 위한 비밀 조직을 결성할 때 많은 도움을 준 사람으로 티삭이 종종 얘기한 적이 있었다.

"아버님은 잘 계시는가?"

"아버님께선 몇 달 전에 병으로 돌아가셨습니다. 돌아가시며 티삭님과 독립운동을 함께하라는 유언을 남기셨지만 그때 티삭님과 많은 동지들이 발각되어 억울하게 처형되시는 바람에…… 얼마 전에야 쯩자매님들이 티삭님의 유지를 잇고 계시다는 소리를 듣고 이렇게 달려온 것입니다."

"그랬군. 고맙다. 잊지 않아 줘서!"

후앙의 손을 꽈악 붙잡은 쯩짝의 눈에는 금방이라도 쏟아져 내릴 듯 눈물이 맺혔다.

"고맙기는요! 베트남인이면 누구나 해야 할 싸움이잖습니까! 함께할 수 있어서 저로서는 더 할 수 없이 영광입니다."

"이봐, 은채! 네가 좀 전에 제갈공명과도 같은 책략가를 구하는 게 첫 번째 조건이라고 했지? 바로 이 사람이 그런 책략가야! 알겠어?! 하하하하!"

쯩짝이 은채를 보며 소리쳤다. 쯩짝의 얼굴은 천군만마를 얻은 흐뭇함으로 가득했다.

"제갈공명이라는 건 또 무엇입니까?"

후앙이 의아한 표정으로 물었다.

"내 전에 남편에게 분명히 들은 적이 있어. 부 반바오님의 아들이 천재라고 말이야. 제갈공명이란 후앙과 같은 천재를 말하는 것이야."

"천재라니요! 듣기 민망합니다. 겨우 제 앞가림 정도 할 수 있는 수

준입니다!"

"자, 여기 있는 사람들과 인사해! 앞으로 우리가 함께할 동지들이야!"

"이게 전부입니까?"

"보초를 서고 있는 둘을 포함해 지금은 이게 전부야! 하지만 동지를 모을 수 있는 방법을 알았으니 곧 사람들이 늘어날 거야!"

쫑짝은 사람들에게 후앙을 소개했다.

"우와! 동지야, 동지! 우리랑 함께할 동지라고!"

"그것도 남자야! 생긴 것도 기가 막히고!"

사람들은 후앙을 열렬히 환영하였다.

일단 동지가 새로 생겼다는 것도 기쁜 일이지만 더욱 기쁜 것은 산채에 처음으로 남자가 들어왔다는 것이었다. 남자아이들이 있기는 하지만 말 그대로 아이이니 제외하고, 꽃미남의 젊은 남자가 들어왔으니 사람들이 기뻐할 수밖에 없었다.

"여긴 내 동생, 쫑니. 산채의 무예에 관한 모든 것을 맡고 있어."

"무예의 고수라는 소문은 들었습니다. 한번 만나보고 싶었지요. 제게도 무예를 가르쳐 주시겠습니까?"

후앙이 공손히 인사했다.

"뭐, 그거야…… 무예를 배우고 싶은 사람은 누구나…… 배우는 거니……."

엉거주춤한 자세로 어설프게 인사를 하는 쫑니의 얼굴이 빨갛게 물들었고 말까지 더듬었다. 늘 자신감이 넘치던 쫑니의 그런 모습은 무척이나 낯설었다.

사실 쫑니는 후안의 모습을 보고 첫눈에 반해 버린 상태였다. 오랫동안 무예를 수련하느라 남자를 가까이에서 볼 기회도 없었고, 또 무예를 익힌 후로 남자들이 접근하지도 않아 지금껏 쫑니는 사랑에 빠진 적이 단 한 번도 없었다. 하지만 쫑니도 여자였다.

쫑니도 언니가 결혼할 때는 무척이나 부럽기도 했었고 막연히 누군가를 좋아해 보고 싶은 감정에 가슴앓이도 했었다. 그런 쫑니 앞에 어딘지 모르게 귀티가 나고 지적이며 천진해 보이는 후앙이 나타난 것이다. 첫눈에 반한 것이 어쩌면 당연한 일인지도 몰랐다.

"그리고 여긴 은채라고 해."

"안녕."

쫑짝이 소개를 해 주자 은채가 미소를 지으며 살짝 손을 흔들었다.

"처음 봤을 때도 그런 생각이 들었는데 이것저것 무척 특이하신 분이네요."

'이것저것 무척 특이? 무슨 뜻이야? 뭔가 욕 같은 느낌이 살짝 나는 것 같기도 하고……'

은채는 뾰로통한 표정으로 혼자 중얼거렸다.

"그런데 조금 전에 사람들을 모을 수 있는 방법을 알았다고 하신 것 같은데 제게도 얘기해 주시겠습니까?"

후앙의 물음에 쫑짝은 쫑니가 지옥의 백호를 잡기로 한 일을 자세히 설명해 주었다.

"지옥의 백호라."

설명을 듣고 난 후앙은 아무런 말도 없이 혼자 골똘히 생각에 빠져

들었다.

얼마의 시간이 지났을까? 후앙이 벌떡 고개를 들었다.

"지옥의 백호를 잡는다는 것은 누가 생각해낸 계획입니까?"

"난데."

은채가 인사할 때처럼 살짝 손을 들며 대답했다.

"그렇군요! 그렇다면 언제 시작하실 생각입니까?"

후앙은 이번엔 쭁니에게 고개를 돌렸다.

'뭐야? 그렇군요? 그게 다야? 계획을 들었으면 훌륭하다, 정말 기가 막히다, 뭐 그런 감탄사 정도는 있어야 하는 거 아냐! 흥!'

은채는 콧방귀를 끼며 반쯤 몸을 돌렸다.

"그, 그야 빠를수록 좋으니까 내일이라도 당장……."

"물론 빠를수록 좋겠지요. 하지만 그 전에 해야 할 것이 있어요!"

"그 전에 해야 할 것이라면?"

"주변 마을에 소문을 내는 겁니다. 지옥의 백호를 잡는다고 말이에요. 그래야지 지옥의 백호를 진짜로 잡게 되었을 때 효과가 극대화되니까요."

"우와, 역시! 듣고 보니 후앙의 말대로야!"

"얼굴만 잘생긴 줄 알았더니 그게 아니잖아!"

사람들은 후앙의 말에 감탄하며 중얼거렸다.

"한 가지 더 있어요. 저도 지옥의 백호가 어떤 녀석인지 들어서 알고 있는데, 쭁니님이 아무리 무예가 뛰어나다고 해도 혼자서는 그 녀석을 상대할 순 없을 거예요. 저도 함께 가겠습니다."

"에에엣-! 후앙도 함께 간다고?!"

후앙의 말에 모든 사람이 깜짝 놀라지 않을 수 없었다.

"무슨 소릴 하는 거야! 이건 내가 하기로 한 일이야!"

쫑니가 정색을 하며 얘기했다.

"쫑니님 혼자 사지로 보낼 순 없어요. 저도 함께 가겠습니다."

후앙의 단호한 대답에 쫑니는 가슴이 뭉클해지는 걸 느꼈다.

죽음도 함께한다는 것이 이리도 가슴 뛰는 말일 줄이야!

쫑니는 왠지 더 고집을 부릴 수가 없었다.

"아, 저만 가는 게 아니라 한 사람 더 같이 갈 건데 바로 저 은채라는 분이요!"

"뜨아아악! 나, 나도 같이 간다고?!"

이게 무슨 귀신 씻나락 까먹는 소리란 말인가? 네가 무슨 물귀신이냐? 왜 엄한 사람까지 발목 잡고 끌고 들어가!

느닷없는 지목에 너무도 놀란 은채는 버럭 소리를 지르고 싶었지만 차마 목소리가 나오지 않았다. 도대체 어찌 해야 될지 몰라 아무런 말도 나오지 않은 것이었다. 함께 가지 않겠다고 말한다면 후앙의 입에서 또 무슨 소리가 나올지 도무지 짐작도 되지 않았다.

마치 그 점을 알고 있었다는 듯이 손가락으로 은채를 가리키고 있는 후앙은 희미하게 미소 지었다.

결국 지옥의 백호를 잡으러 셋이 함께 갈 수 밖에 없게 되어버렸다. 은채는 이것저것 생각하느라 거절할 수 있는 타이밍을 놓쳐 버리고 말았다.

'나쁜 놈! 나처럼 연약한 여자를 끌어들여? 그것도 무시무시한 호랑이를 잡는 일에! 언젠가 반드시 복수해 주고 말겠어!'

밤이 깊었지만 은채는 좀처럼 잠을 이룰 수가 없었다. 눈을 감으면 호랑이가 이빨을 번득이며 다가왔다.

마침내, 지옥의 백호와 마주할 날이 밝았다.

백호 사냥

 쫑니와 후앙 그리고 은채는 산채 사람들의 배웅을 받으며 지옥의 백호의 영역에 도착했다. 나무와 풀이 무성한 이 곳은 지옥의 백호가 자주 출몰하는 곳으로 사람들에게 죽음의 땅이라 알려진 곳이었다. 그 누구도 들어가려 하지 않는, 말 그대로 지옥 같은 곳.
 후앙이 얘기한 대로 소문을 내 뒀기에 이미 사람들 사이에선 쫑자매가 지옥의 백호를 사냥할 것이란 소문이 파다하게 퍼진 상태였다. 하지만 소문을 들은 사람들 중에서 쫑자매가 살아 돌아올 거라 생각하는 자는 아무도 없었다.
 "백호와 정면으로 마주해서 잡을 수 있는 사람은 없어요."
 후앙이 단언했다.
 "그래서?"
 은채가 샐쭉한 표정으로 물었다. 은채는 아직도 자신을 끌고 온 후앙에 대한 감정이 조금 남아 있었다.

"덫을 놓아야겠지."

"덫을 놓는다고 해서 백호가 쉽게 걸려들까? 호랑이 사냥꾼들이 그렇게 백호를 잡으려 했지만 모두 죽고 말았어!"

쫑니가 날카롭게 빛을 발하는 칼을 바라보며 얘기했다.

"이중, 삼중으로 덫을 놔야지요. 그래서 여기 은채와 저도 함께 온 거에요. 덫이 많아질수록 놈이 걸릴 확률도 높아질 테니까."

"자, 잠깐. 그 애긴, 날 미끼로 쓰겠다는 뭐 그런 거야?"

설마 하는 표정으로 은채가 물었다.

"사실 지옥의 백호를 잡는다는 방책은 무척이나 훌륭해. 지옥의 백호는 워낙 유명하고 무서운 놈이니 이놈을 잡는다면 분명 많은 사람들의 생각이 달라질 거고. 난 이런 훌륭한 계획을 생각한 사람은 분명 백호를 잡을 계획도 있을 거라 생각했어. 그래서 데리고 온 거야."

"아니 뭐 이런 말 같지도 않은! 사람은 자신이 반드시 할 수 있는 일만 생각하는 게 아니잖아! 난 그냥 이런 방법도 있다, 그런 뜻으로 얘기한 것 뿐이라고!"

꾹꾹 눌러 온 설움이 터진 사람처럼 은채가 버럭 소리를 질렀다.

"그리고 내가 미끼냐고 물었잖아! 왜 대답을 못 해?!"

"미끼라……. 어쩌면 그럴지도."

"내 이럴 줄 알았어! 호랑이 밥이나 되려고 머면 미래에서 이곳에 온 줄 알아! 보자보자 하니까 누굴 보자기로 아나! 난 못 해! 안 해!"

버럭 버럭 소리를 지르던 은채가 휙 돌아섰다.

"혹시 우리가 이미 백호의 영역 안에 들어와 있는 건 알고 있는지 모르겠네. 정 하기 싫으면 혼자서 산채로 돌아가시든지. 돌아가는 길은 알고 있으려나?"

후앙이 마음대로 하라는 듯 중얼거렸다.

돌아서 몇 걸음 걸어가던 은채가 걸음을 멈추고는 다시 후앙에게로 돌아왔다.

"언젠가 반드시 복수해 주겠어."

"나도 그 복수가 무척 기대되는데, 그러려면 우선 여기서 살아 나가는 게 먼저겠지? 어차피 우리 셋은 같은 운명이야. 셋이 다 죽든지 아니면 셋이 다 살든지!"

은채는 늘 자신만만해 보이는 후앙의 눈에 희미하게 어려 있는 두려움을 보았다.

그랬다. 후앙 역시 두려워하고 있었다. 아무리 숨기려 해도 모두 다 완벽하게 숨길 순 없었다.

그건 쫑니도 마찬가지였다. 쫑니 역시 모든 두려움을 떨칠 수는 없었다.

백호는 괴물이었다. 그런 괴물 앞에 마주서야 한다는 것은 낭떠러지와 같은 두려움의 끝에 발가락 하나로 버티고 서 있는 것과 같은 것이리라!

셋은 적당한 위치에 덫을 만들기 시작했다.

호랑이는 무더운 한낮에는 사냥을 잘 하지 않는다는 점을 이용해 철저히 낮에만 작업을 하고 밤에는 나무 위로 올라가 나무에 몸을 묶고 잠을 잤다.

실패할 경우를 대비해 덫은 세 군데에 만들었다. 넓은 구덩이를 파고 그 밑에 죽창을 설치해 위를 잔 나뭇가지들로 덮어 놓은 것 하나와 나뭇가지의 탄력을 이용해 백호의 몸을 관통할 수 있게 만든 것 하나, 마지막으로 커다란 나무를 잘라 위로 올려 밑으로 떨어지게 만든 것이었다.

덫을 만드는 데만 일주일 가까이 걸렸다.

밤이면 백호의 울부짖는 소리가 섬뜩하게 밀림을 울렸는데 그 소리는 날이 갈수록 점점 더 가까워지는 것 같았다.

이제 모든 덫의 설치는 끝이 났다.

첫 번째 덫까지는 후앙이 백호를 유인할 것이고 그 덫에 빠지지 않는다면 은채가 두 번째 덫으로 유인하기로 했다. 마지막은 쭝니가 맡았다.

모두 정확한 위치에서 몸을 피하지 않으면 오히려 호랑이의 공격으로 치명상을 입게 될 테니 한 치의 실수도 없어야 했다.

밀림에 밤이 찾아 왔다. 셋은 각각 횃불을 들고 서서 서로를 바라보았다. 그동안의 피곤함도 극도의 긴장으로 어디론가 사라져 버렸다.

셋은 아무 말도 없이 그저 얼굴만 바라보았다. 이미 낮에 몇 번이고 연습을 했기에 각자의 역할은 너무 잘 알고 있어 따로 얘기할 필요도 없었다.

실수는 죽음이었다. 그건 혼자만의 죽음이 아닌 셋 모두의 죽음이었다.

말을 하지 않아도 서로 생각하는 것은 똑같았다.
살아남는 것! 무슨 일이 있어도 살아남는 것.

은채는 첫 번째 덫 주위에 서 있었다.
이곳까지 후앙이 백호를 끌고 올 것이다. 만에 하나 백호가 덫에 빠지지 않는다면 그 다음은 은채가 두 번째 덫까지 백호를 끌고 뛰어야 한다.
'잘 해낼 수 있을까?! 정말 해낼 수 있을까? 만에 하나 실수라도 한다면!'
은채의 머릿속은 불길한 생각으로 가득했다.
'아니야. 난 해낼 수 있어! 분명히 해낼 수 있어! 몇 번이고 연습했는 걸! 그래, 연습한 대로만 하면 돼! 그럼 돼!'
은채는 애써 두려움을 떨치려 노력했다.
그때였다.
크아아아앙-!
무시무시한 백호의 울음소리가 울렸다.
생각했던 것보다 어마어마하게 큰 소리에 은채는 겁이 더럭 났다.
"백호다! 백호가 온다!"
후앙의 목소리가 들렸다.
'제발…… 제발……!'
백호가 한 번에 덫에 빠져 주기를 은채는 빌고 또 빌었다.
횃불이 빠르게 흔들거리며 후앙이 전속력으로 덫이 있는 곳으로 달려 왔다. 후앙의 뒤로 횃불에 비친 백호의 모습이 언뜻 보였다.
 거대한 곰 같은 크기였다.
 보는 것만으로도 은채는 머릿속이 하얗게 비어 버리는 것 같았다.
 '제발! 제발 덫에 빠져줘!'
 호랑이를 유인해 덫이 있는 곳까지 달려온 후앙이 몸을 날렸다. 후앙은 정확히 덫 바로 옆에 파 놓은 안전한 구덩이 속으로 몸을 날렸다.
 그런데 바싹 후앙을 쫓아 온 백호가 덫 바로 앞에서 멈춰 섰다.
 마치 그곳에 덫이 있다는 것을 꿰뚫고 있기라도 한 것처럼 낙엽이 가득 덮여 있는 구덩이 위를 물끄러미 바라보았다.
 크아아앙-!
 백호는 가소롭다는 듯이 울부짖었다. 그러고는 고개를 돌렸다. 옆에

횃불을 들고 서 있는 은채가 백호의 눈에 들어왔다.

은채와 백호의 눈동자가 마주쳤다.

저승사자의 눈동자가 저리 생겼을까?

으아아악-!

은채는 비명을 지르며 내달리기 시작했다.

"정신 차려야 돼! 정신만 차리면 살 수 있어! 정확히 20번째에서 왼쪽으로!"

은채가 획 방향을 틀자 백호 역시 방향을 틀며 따라왔다.

"다시 왼쪽으로!"

은채는 죽을힘을 다해 내달렸다.

하지만 백호와의 거리는 순식간에 좁혀졌다.

"조금만 더! 열아홉! 스물……! 지금이야!"

은채가 그대로 몸을 날리며 거대한 나무뿌리가 만들어 놓은 공간 쪽으로 미끄러져 들어갔다. 순간, 입구에 설치했던 덫과 연결된 줄이 은채의 손에 걸리며 발사되었다. 마치 방아쇠를 당긴 것처럼 팡 소리와 함께 날카롭고 뾰족한 나뭇가지가 달린 커다란 나뭇가지가 뒤따라오던 백호의 얼굴 앞으로 날아들었다.

쐐애애액!

날카로운 창과 같은 나뭇가지가 꽂히려는 순간, 백호는 공중으로 뛰어올랐다. 엄청난 점프력으로 덫을 피한 백호는 사뿐하게 바닥으로 떨어져 내렸다.

생각지도 못한 공격에 백호의 표정은 일그러져 있었다. 아마도 무척이나 열이 받은 것 같았다.

하지만 쉴 틈도 없이 쫑니가 쏜 화살이 백호를 향해 날아갔다.

크앙!

백호는 쫑니의 화살을 피하고는 쫑니를 향해 몸을 날렸다. 백호를 끌고 내달리던 쫑니가 커다란 나무뿌리들이 듬성듬성 땅 밖으로 나와 있는 공간으로 몸을 날렸다. 그러자 백호는 뭔가를 직감한 것인지 이번에도 멈춰 섰다. 은채에게 당했던 것이 떠오른 것이다.

백호는 으르렁거리며 뿌리 사이로 보이는 쫑니를 바라보더니 정면으로 접근하지 않고 옆으로 돌아갔다.

크아앙-!

백호는 뿌리 싸이로 발을 넣고 쫑니의 얼굴을 긁으러 들었다. 날카로운 백호의 손톱이 쫑니의 얼굴 앞을 스쳐 지나갔다.

투툭-!

백호의 무게에 눌려 쫑니를 보호해 주던 뿌리가 부러지는 소리가 들렸다. 뿌리가 부서지면 쫑니를 막아 줄 수 있는 건 더 이상 없었다. 백호도 그것을 눈치 챘는지 더욱 힘을 주며 밀어 붙였다.

그러나 그것은 쫑니가 노리던 순간이었다. 일부러 호랑이의 손이 닿을 듯 말 듯한 지점에 있었던 쫑니는 세 번째 함정을 발동시켰다. 바로 위에 설치되어 있던 거대한 통나무가 아무런 소리도 없이 백호의 머리를 향해 떨어져 내렸다.

뿌지지직-! 우당탕탕!

거대한 통나무가 백호의 머리를 강타하더니 백호와 함께 나뒹굴었다.

"잡았다! 백호를 잡았다고!"

쫑니가 소리를 지르며 밖으로 나왔다.

하지만 통나무와 함께 널브러져 있던 백호가 꿈틀거리더니 비틀거리며 몸을 일으켰다.

저렇게 거대한 통나무에 맞고도 살아 있단 말인가? 쫑니는 도무지 믿을 수가 없었다.

그렇다고 도망칠 수도 없었고 뿌리 안에 다시 들어갈 수도 없었다. 이제는 맞서 싸울 수밖에 없었다.

쫑니는 칼을 빼어 곧추 잡았다.

쫑니를 노려보는 백호의 머리는 온통 피투성이였다.

"크아아앙—!"

백호는 커다랗게 울부짖으며 쫑니를 향해 몸을 날렸다. 쫑니는 칼을 휘두르며 반항했지만 역부족이었다. 백호가 칼을 피해 쫑니의 한쪽 어깨를 할퀴었다. 쫑니를 공격하고 뒤로 물러난 백호는 자꾸만 눈을 껌뻑거렸다. 머리 쪽이 찢어져 많은 피가 흘러내려 시야를 막고 있었다. 백호는 칼보다 더 날카로운 송곳니를 드러냈다.

낮게 소리를 흘리며 송곳니가 보이도록 입을 씰룩거리는 모양이 이번엔 목을 물어 버리겠다는 뜻 같았다. 한동안 가만히 쫑니를 바라보던 백호가 그대로 쫑니를 향해 달려들었다.

"이얍!"

쫑니 역시 기합을 넣으며 백호를 향해 달려들었다.

세 번째 함정을 설치해 둔 곳에 도착한 후앙과 은채는 경악하지 않을 수 없었다. 바닥에 거대한 몸집의 백호가 쓰러져 있었고 그 밑에 쫑니가 깔려 있었다.

"쫑니!"

후앙과 은채가 달려들어 백호를 밀쳐 내었다. 둘이 밀어내자 가까스로 백호의 몸이 뒤집혔는데 백호의 심장 깊숙이 쫑니의 칼이 박혀 있었다.

"쫑니님! 정신 차리세요!"

후앙이 피투성이의 쫑니를 안고 흔들었다.

"쿨럭쿨럭……!"

쫑니가 기침을 터트리며 어렵게 눈을 떴다.
"해냈어요! 쫑니님의 칼이 그놈의 심장을 꿰뚫었어요! 쫑니님이 지옥의 백호를 잡은 거예요!"
쫑니는 백호를 잡았다는 사실에 겨우 미소를 지었다. 왠지 너무도 포근한 느낌이었다. 후앙의 목소리가 너무도 감미로웠고 후앙의 미소가 가슴을 뛰게 했다. 무엇보다도 후앙의 품이 너무도 따뜻했다.
차라리 이대로 시간이 멈춰 버려도 좋을 만큼.

쫑짝과 산채의 사람들이 밀림에서 피어 오른 불을 보고 은채와 후앙, 쫑니가 있는 곳으로 모여 들었다. 백호를 죽이는 데 성공하면 불을 피우기로 약속했었기에 한걸음에 달려온 것이었다. 사람들은 쓰러져 있는 백호의 크기에 경악했다.
가까이에서 본 백호는 생각보다도 훨씬 거대했다. 하지만 숨이 끊어진 백호는 더 이상 공포의 대상이 아니었다.
축제가 벌어졌다. 더 많은 불을 피우고, 노래와 춤이 불을 둘러싸고 넘실거렸다.
"괜찮니?"
쫑짝이 눈물이 글썽한 눈으로 쫑니를 바라보았다.
"응. 견딜 만해."
쫑니의 다친 어깨에 약초를 덧대어 묶어준 후 쫑짝의 눈에서 눈물이 흘러 내렸다.
"왜 울어?"

"좋아서…… 너무 좋아서……."

쯍짝이 쯍니를 꽉 껴안았다.

긴장이 풀어진 은채는 한쪽 구석에 멍하니 앉아 있었다.

"어때? 좀 전에 발목을 다친 것 같던데."

후앙이 은채의 앞에 앉으며 물었다.

다시 전기가 들어온 로봇처럼 퍼뜩 정신을 차리며 은채는 후앙을 바라보았다. 그제야 발목에서 욱신거리는 통증이 느껴졌다. 그때는 몰랐는데 백호를 피해 몸을 날리는 순간 발을 삔 것 같았다.

"제법 많이 부은 것 같은데 어디 좀 봐."

"아, 아니. 됐어."

"가만 좀 있어 보라니까."

후앙이 은채의 발을 가로채듯이 잡아 움켜쥐고 바라보았다. 발목이 꽤 부어 있었다.

"잘해줬어. 정말 무섭고 두려웠을 텐데. 사실은 같이 가자고 했을 때 끝까지 거부할 줄 알았거든. 고마워 함께해 줘서."

후앙이 자신의 옷을 부욱 찢어 은채의 발목에 감아 주며 얘기했다.

"난 그냥…… 뭐, 별로 한 것도 없고……."

두근 두근 두근.

가슴이 마구 요동쳤다. 얼굴 색도 붉게 물들었고, 은채는 후앙을 똑바로 볼 수도 없어 고개를 숙인 채 말도 더듬거렸다.

조금만 더 이대로 있다간 후앙에게 들킬 것 같았다.

"난 사람들에게 가 볼게. 치료 고마워."

은채는 벌떡 일어나 사람들 쪽으로 걸음을 옮겼다.

옷깃으로 묶어 둔 발목에서 통증이 느껴지자 은채는 그만 그 자리에 주저앉을 뻔했다. 머리칼이 쭈뼛 솟을 정도로 고통이 대단했다.

'안 돼! 참아야 돼! 여기서 들킬 순 없어! 근데 도대체 저 인간 앞에서 왜 이러는 거야? 미치겠네!'

은채는 이를 악물고 걸음을 옮겼다. 느린 걸음으로 움직이는 은채의 뒷모습을 보며 후앙이 미소를 지었다.

그런데, 그 모든 것을 불빛 너머에서 쫑니가 조용히 바라보고 있었다.

승전보

이른 아침, 고된 하루를 시작하기 위해 집을 나선 베트남 사람들의 바쁜 발걸음이 우뚝 멈췄다. 그들의 눈앞에 너무나 믿을 수 없는 일이 벌어져 있었다.

마을 중앙에 있는 커다란 나무에 커다란 하얀 호랑이의 가죽이 대자로 걸려 있었던 것이다.

사람들은 입을 쩍 벌린 채 한동안 말을 잇지 못했다. 몇 사람은 가죽 가까이 다가가 손으로 만져 보기까지 했다. 도저히 믿을 수가 없어 진짜인지 털을 확인한 것이다.

"이, 이것은 분명 지옥의 백호 가죽입니다! 여러분! 쯩자매가 약속대로 백호를 잡은 것입니다!"

"와아아아-!"

털을 확인한 사람이 감격에 겨운 목소리로 소리치자 모여 섰던 사람

들이 일제히 함성을 지르며 박수를 쳤다.

"나는 지금 이 순간부터 쭝자매와 함께 독립을 위해 싸울 것입니다. 우리 모두가 힘을 합친다면 분명 한나라 놈들을 우리 땅에서 몰아낼 수 있을 겁니다. 이 백호가 그것을 증명하고 있습니다!"

"나도 갈 것이야!"

"나도야, 나도!"

사람들은 일터가 아닌 산채로 향했다.

백호 가죽을 마을에 걸어 두고 난 후 산채에는 사람들이 속속 모여들었다. 작은 산채는 금세 사람들로 가득했다.

"이 사람들이 보여? 은채 네 예상대로 우리와 싸우겠다는 사람들이 계속 모여들고 있어! 백호를 잡는 계획은 대성공이야!"

쭝짝이 산채 가득한 사람들을 보고 하늘이라도 뛰어 오를 듯이 기뻐하며 소리쳤다.

"음. 예상보다 더 많은 사람들이 모였군요. 하지만 아직 좋아할 때가 아닙니다. 우선 무기를 가졌거나 싸울 수 있는 사람들을 산채로 오는 길목에 배치해 두십시오."

후앙이 심각한 표정으로 쭝짝에게 얘기했다.

"어째서?"

"이번 일은 분명 한나라 군사들에게도 알려졌을 거예요. 그들은 분명 산채로 병사들을 보낼 거고요."

"그렇군! 그걸 생각지 못했군!"

"뿐만 아니라 이번 기회에 확실하게 한나라와 싸울 수 있다는 걸 보여줘야 해요. 우선 산채로 오는 자들과 싸워 이긴 후 그 여세를 몰아 마을에 있는 한나라 병사들까지 모두 물리쳐야 합니다. 마을을 점령하면 분명 다른 마을에서도 백성들이 일어설 거예요."

"과연 그렇군! 어때, 은채? 이 정도면 네가 얘기한 제갈공명인가 뭐가 하는 사람보다 더 뛰어난 전략가가 아니냐?"

쫑짝은 후앙의 계획이 무척이나 마음에 들었다.

"나는 싸울 수 있는 자들을 끌고 산채 길목에 매복해야겠어."

쫑니가 사람들이 있는 쪽으로 걸음을 옮겼다.

"쫑니님!"

쫑니가 고개를 돌려 후앙을 바라보았다.

"적을 물리치고 나서 신호를 주세요. 그러면 저희가 나머지를 다 끌고 가겠습니다."

"알았어. 그렇게 할게."

"그리고 제발 몸을 소중히 다루세요. 쫑니님은 너무도 중요한 분이니까요."

"……"

물끄러미 후앙을 바라보던 쫑니는 스윽 몸을 돌려 빙긋 미소를 지었다. 후앙이 자신을 걱정해 주는 몇 마디 말에 불끈불끈 힘이 솟는 것 같았다.

쫑니는 당장 싸울 수 있는 사람들을 끌고 산채로 향하는 길목에 병력을 배치하고 한나라 병사들을 기다렸다.

"나 좀 도와줄래?"

후앙이 병기들을 꺼내며 은채에게 물었다.

"이게 다 뭐야?"

"산채에 있는 병기란 병기는 다 꺼낸 거야. 워낙 싸울 수 있는 사람들이 모자라서 여자들도 무장을 시켜야 할 것 같아서."

"혹시 나도 또 싸워야 하는 거야?"

은채가 뭔가 불안하다는 듯 의심의 눈초리를 보냈다. 후앙은 아무런 대답도 없이 피식 미소를 지었다.

"그런데, 은채는 아주 먼 미래에서 왔다면서?"

"맞아! 그쪽은 상상도 할 수 없는 세계지."

"그렇군."

후앙이 심드렁한 표정으로 대답했다.

"뭐야, 그 표정은? 믿지 못하겠다는 거야?"

"그럼 믿어야 하는 건가?"

"당연하지! 물론 나도 어떻게 해서 이렇게 됐는지는 모르지만 어찌됐든 그렇게 됐어. 그리고 넌 기억이 안 나는 모양이지만 전에 세계에서, 그 전에 세계에서도 넌 늘 내 곁에서……!"

은채가 말을 하다 말고 입을 다물었다.

"네 곁에서……?"

후앙이 그런 은채를 의아한 표정으로 바라보았다.

"뭐, 그렇단 거야……!"

은채는 더 말을 않고 얼버무렸다.

"그럼 한 가지만 물을게. 미래에도 지금처럼 가난하고 굶주리는 사람이 많고, 사람이 사람을 지배하는 사회야?"

"그건……! 꼭 그런 건 아니지만 가난하고 굶주리는 나라도 있어. 사람이 사람을 지배하는 사회도 존재하고."

휴우, 후앙이 길게 한숨을 내쉬며 물었다.

"그렇다면 우린 무엇 때문에 싸우는 걸까?"

"무슨……?"

"미래가 달라지지 않는다면 우린 왜 싸워야 하는 거냐고."

"음. 너무 어려운데. 인간답게 살고 싶어서 싸우는 게 아닐까? 어떤 것이 인간다운 것인지는 그 시대마다 다르지만 늘 인간은 인간다운 가치를 위해 싸웠고, 앞으로도 쭉 그렇게 싸워 가지 않을까? 그것이 역사이고 그 역사는 느리지만 분명하게 세상을 변화시키지. ……너무 어려운 얘기를 했나? 철학적이라 이해가 될지 모르겠네. 호호호!"

은채의 얼굴엔 뿌듯함이 가득했다. 마치 나 이런 여자야! 라고 후앙에게 자랑이라도 한 것 같았다.

"인간다운 가치라……. 여러 가지로 흥미롭군. 물론 그중에서도 가장 흥미로운 건 바로 은채 너지만."

말을 마친 후앙은 사람들에게 줄 병기를 품에 가득 안은 채 걸어갔다.

'뭐지 방금? 가장 흥미로운 게 나라는 말은 혹시……! 고…… 백?!'

은채는 양손으로 얼굴을 가린 채 혼자 어쩔 줄을 몰라 했다.

'어쩌지? 나도 고백을 해야 하는 걸까? 가슴이 왜 이렇게 두근거리지? 큭큭. 역시 내 미모는 어느 시대에나 통하는 걸까?!'

"은채에게 뭐라고 했기에 상태가 저렇지?"

쫑짝이 혼자 얼굴을 가렸다가 가슴을 안았다가, 미소를 짓다가 다시 어쩔 줄 모르고 부끄러워하며 중얼중얼거리는 은채를 가리키며 후앙에게 물었다.

"……글쎄요."

은채를 보고 있는 후앙의 얼굴 가득 미소가 번졌다.

"내가 신호할 때까지 아무도 움직이지 마라!"

쫑니가 이끄는 사람들은 밀림 깊숙이 숨을 죽이고 있었다. 후앙이 예상한 대로 한나라 병사들이 산채를 토벌하기 위해 밀림을 헤치고 이동하고 있었다. 쫑니는 한나라 병사들이 가까이 접근할 때까지 조용히 기다렸다.

마침내 한나라 병사들이 코앞에 다다랐을 때 쫑니가 벌떡 자리에서 일어서며 소리쳤다.

"쳐라! 한 놈도 남기지 말라!"

와아아아-!

숨어 있던 백성들이 소리를 지르며 일어나 일제히 한나라 병사들을 기습했다.

"으악! 적이다! 적의 기습이다!"

전혀 예상치 못한 갑작스런 공격에 미처 대열을 갖출 틈도 없었던 한나라 병사들은 비명을 지르며 쓰러져 갔다.

오랫동안 한나라 병사들에게 억압되어 있던 베트남 사람들은 저마다 신들린 듯이 적을 공격하는 데 여념이 없었다. 그중에서도 쫑니의 활약은 그야 말로 발군이었다.

뒤늦게 한나라 병사들도 반격을 시도했지만 이미 전세는 확연히 기울어져 있었다. 그들은 도망이라도 치려고 했지만 제대로 길을 찾지 못했다. 밀림은 한나라 병사들에겐 너무도 낯선 곳이었다.

한나라 병사들은 겁에 질린 채 허둥거리며 우왕좌왕했다.

그 사이 하나둘씩 쓰러지는 사람들이 많아졌다. 불과 한 시간도 못되어 산채를 공격하려던 한나라 병사들은 항복을 선언했다. 이쪽도 희생이 없는 것은 아니었지만 적을 쓰러뜨린 데 비하면 그리 많은 숫자는 아니었다. 명실상부한 대승이었다.

첫 전투를 승리로 이끈 쫑니가 불을 피워 올렸다. 승리를 알리는 신호였고 마을에 남아 있는 한나라 병사들을 공격하기 위한 신호였다.

쫑니에게서 신호가 오자 산채에 있던 쫑작과 후앙이 남은 사람들을 이끌고 움직였다.

대부분이 여자들이었다. 한나라 사람들에게 남편이나 가족을 잃은 여자들, 그들에게 남은 것은 지독한 복수심뿐이었다. 군사 훈련을 받은 적도 없고 무기를 들어 싸워 본 적도 없었지만 그들의 결연한 의지만은 하늘을 찔렀다.

어차피 남자가 휘두른 칼이든 여자가 휘두른 칼이든 칼에 찔리면 사람은 죽거나 다친다. 어쩌면 복수심에 불타는 여자들의 칼이 오히려 더 치명적일 수 있었다.

쯩짝이 이끄는 부대는 곧 쯩니의 부대와 합류했다. 그들은 밀림 곳곳에 쓰러져 있는 한나라 병사들을 보곤 기세등등해졌다. 그동안 감히 말대꾸는 고사하고 눈도 함부로 마주칠 수 없었던 자들이 패배한 모습을 보았는데 어찌 그렇지 않겠는가?

그들 역시 자신들과 같이 얼마든지 죽을 수 있는 자들이라는 걸 분명하게 깨달은 것이다.

쯩짝과 쯩니의 부대는 마을로 향했다. 이미 마을은 어둠에 물들고 있었다.

선봉을 맡은 쯩니는 곧장 관사 주위로 숨어들었다. 한나라 관리가 머물고 있는 관사와 한나라 병사들이 주둔하고 있는 군영은 쯩짝과 쯩니의 부대가 공격을 할 것이라고는 생각지도 못하고 있었다. 오히려 산채를 공격하러 간 병사들이 산채를 없애고 돌아올 거라 믿고 있는 관리들은 초저녁부터 술판을 벌이고 있었다.

"내가 문을 뚫을 테니 문이 열리는 즉시 공격하라!"

타타탓-!

쯩니가 관사 앞으로 달려갔다.

관사 앞에는 서너 명의 한나라 병사들이 둘러 앉아 술을 마시고 있었다.

"어, 저게 뭐지?"

병사 하나가 어둠 속에서 달려오는 쯩니를 바라보았다.

"뭔데 그래?"

병사들이 고개를 돌렸다.

쫑니의 손에 든 칼이 불빛에 번쩍거렸다. 그제야 병사들은 뭔가 심상치 않음을 느끼고 바닥에 놓아둔 병기를 들었다.

쇄애액-!

바람을 가르는 소리와 함께 비명소리가 울려 퍼졌다.

"저, 적이……!"

병사들은 크게 소리를 지를 틈도 없었다. 쫑니의 칼에 쓰러진 것이다. 쫑니는 전광석화처럼 관사 앞을 지키던 적들을 모두 없애고 관사의 대문을 밀었다.

끼이이이익-!

커다란 관사의 대문은 육중한 소리를 내며 활짝 열렸다.

그것은 베트남의 새로운 역사를 개막을 알리는 소리였다.

"공격하라!"

와아아아-!

쫑니와 부하들이 관사 안으로 몰려 들어갔다.

"뭐, 뭐냐! 웬 놈들이냐!"

정자에서 술판을 벌이고 있던 한나라 관리들은 몰려드는 쫑니와 그 부하들을 보며 경악하지 않을 수 없었다.

"저, 적이다!"

관리들은 혼비백산하여 싸울 생각도 못한 채로 허둥거렸다. 그들을 향해 쫑니와 부하들의 칼이 날아들었다.

크아아악-! 으악!

여기저기서 비명이 터져 나왔다.

"사, 살려 주시오! 목숨만 살려 주시오!"

몇몇은 바닥에 머리를 조아리며 목숨을 구걸했다. 한때 베트남인들에게 갖은 패악을 다 부리던 자들이 이제는 살기 위해서 머리를 바닥에 붙이고 비굴하게 삶을 구걸했다. 비겁하고 역겨운 모습이었다.

관사 주변에 있던 한나라 병사들 역시 갑작스러운 공격에 제대로 된 대응 한번 못 하고 쓰러져 갔다.

주둔지에 남아 있는 병사들을 처리하는 데도 오래 걸리지 않았다. 산채를 치기 위해 대부분의 병사들이 빠져 있었고, 더구나 이런 반란은 예상도 못 했었기에 당연히 대처도 늦어졌다. 쯩짝의 부대는 이리저리 도망치는 병사들을 쓰러트렸다.

몇 시간 만에 전투는 끝이 났다.

쯩자매가 이끄는 부대가 첫 전투에서 대승을 한 것이다.

이 소식은 곧장 베트남 전역을 강타했다.

사랑의 기억

　독립을 원하는 베트남인들이 속속 쯩자매의 아래로 모여들었다. 지옥의 백호를 잡은데다가 한 마을에 주둔하고 있던 한나라 병사들과 관리까지 모두 물리쳤다는 것은 베트남인들에게 희망이 되었다. 한나라와 싸워서 이길 수 있다는 확실한 예감이 전달된 셈이었다.
　한나라의 지배 하에 억압받던 베트남인들이 그 희망을 따라 모여들었고, 오래지 않아 쯩자매 휘하에는 수천 명이 모였다.
　사람들의 숫자가 많아지면서 그들을 효율적으로 움직일 수 있는 조직을 구성하는 것이 급선무였다. 사람들이 많이 모인 것은 기뻐할 만한 일이었지만 쯩짝은 막상 규모가 커지자 어떻게 조직을 운영해야 할지 우왕좌왕했다.
　후앙 역시 고민에 잠겼다. 물론 한나라 군대를 본떠 조직을 만들 수도 있겠지만 그럴 경우 정식 군사 훈련을 받지 않은 쯩자매의 군대가 잘 훈련된 한나라 군대와 싸워 이길 확률이 적었다. 한나라와는 다른 방식이 필요한 상황이었다.

"부대를 세 개로 만드는 것은 어때? 한 부대에 천 명씩."

쯩짝이 후앙에게 물었다.

"부대가 너무 크면 기동성을 살리기가 힘들어요. 좀 더 효율적으로 움직일 수 있는 편성이 필요합니다. 사실 며칠 동안 고민했지만 좀처럼 떠오르지 않네요."

후앙이 미안한 듯 엷게 미소를 지으며 얘기했다.

"혹시 지금 군대를 어떻게 만들 것인지에 대해서 얘기하는 거야?"

은채가 물었다.

"맞아! 혹시 뭐 좋은 방법이라도 있어?"

후앙이 마치 기다리고 있었다는 듯이 은채를 바라보았다.

"군대에 가 본 적이 없어서 자세히는 모르지만…… 아마 이렇게 만들면 되지 않을까?"

은채가 종이에 그림을 그려가며 얘기했다.

"약 20명 쯤으로 이루어진 소대가 있고, 소대 열 개가 모여서 중대가 되는 거야. 다시 중대 10개가 모여서 대대가 되고……. 대대가 모인 게 뭐더라. 아, 맞다! 군단이 되는 거야. 그리고 각각의 중대에 활을 쏘는 궁수들로 이루어진 궁수 소대, 창을 쓰는 창병 소대 등 특기를 살린 소대를 따로 만드는 거지."

은채는 그동안 삼촌에게서 간간히 들었던 군대 얘기를 떠올리며 설명했다.

'그 지겨운 삼촌의 군대 얘기를 이렇게 써먹을 줄이야!'

"결국은 이렇게 되는 거야. 총사령관 밑으로 두 개의 군단이 있고 그 밑으로 대대 중대 소대가 피라미드처럼 조직되는 거지."

피라미드가 뭔지는 모르겠지만, 후앙은 무척이나 감탄 어린 눈으로 은채를 바라보았다.

"참! 특수 부대도 있어야 해!"

"특수 부대?"

후앙이 되물었다.

"그래. 가장 날렵하고 센 병사들만 모아서 특수한 임무를 수행하는 부대야. 예를 들면 적진에 침투하여 요인을 암살한다든가, 적들을 교란하는 임무를 맡는다든가 해야지."

"오오! 내가 원한 것이 바로 그런 부대야. 고마워! 정말 많은 도움이 됐어. 이것을 기초로 해서 당장 부대를 조직해야겠어."

후앙이 은채가 그린 그림을 들고 밖으로 나갔다.

"또 너의 도움을 받게 되는구나."

쫑짝이 은채의 손을 잡으며 얘기했다.

"중요한 건 부대를 어떻게 만드느냐, 가 아니라 어떻게 싸우느냐, 야. 승리란 것은 매순간 목숨을 걸고 싸우면서 만들어 내는 거니까. 너도 진정 도움을 주고 싶거든 칼을 들고 싸우도록 해."

쫑니는 싸늘한 표정으로 얘기하고는 밖으로 나갔다. 칭찬은 못 해 줄 망정 괜한 핀잔에 은채는 어안이 벙벙했다.

"하하. 쫑니의 말은 신경 쓸 거 없어. 원래 무뚝뚝한 애니까."

쫑짝이 대신 은채의 어깨를 감싸며 얘기했다.

"근데…… 이제 독립을 위한 발판이 만들어졌으니 다이아몬드를 주면 안 될까?"

"다이아몬드?"

쫑짝이 능청스러운 표정으로 물었다.

"아아, 그거! 네 말마따나 이제 겨우 시작인데 조금 더 곁에서 도움을 줘야 하지 않겠니? 안 그래? 때가 되면 반드시 돌려줄 테니 너무 걱정하지 마."

쫑짝이 밝은 표정으로 다짐하듯이 얘기했지만 왠지 모르게 은채는 자꾸 불안해졌다.

첫 번째 전투 이후 쫑자매 일행은 산채를 버리고 한나라 관리들이 사용하던 관사를 거처로 사용하고 있었다.

쫑니는 걸음을 멈췄다. 후원 정자에서 후앙이 은채가 알려 준 구조에 기초해 조직도를 만드는데 여념이 없었다.

쫑니는 그런 후앙을 물끄러미 바라보았다. 언제부터인지 쫑니의 머릿속은 온통 후앙의 생각으로 가득했다. 좀처럼 잠을 이루지 못하는 불면의 밤도 나날이 늘어갔다. 사랑에 빠진 것이다.

후앙의 총명해 보이는 눈동자, 부드러운 손길, 다정다감한 목소리에 쫑니는 가슴앓이를 해야 했다. 그에게 안기고 싶었고 그의 품 안에서 잠들고 싶었다.

'후앙도 나를 그리워하고 있을까?'

쫑니는 그 점이 늘 궁금했다.

"쫑니님! 여기까지 무슨 일이죠?"

후앙의 목소리에 쫑니는 퍼뜩 정신을 차렸다. 후앙의 모습을 바라보다가 자신도 모르게 정자 앞까지 와 버린 것이다.

"아, 그게……. 뭐, 뭐 좀 묻고 싶은 게 있어서."

쫑니는 당황하지 않을 수 없었다.

"뭔데요?"

"그, 그게 그러니까…… 뭐냐하면……. 무, 무예를 배워 보지 않겠어? 전에 보니까 꽤 칼을 다루던데 조금만 더 배우면 고수가 될 수도 있을 것 같아서."

"쫑니님이 무예를 가르쳐 주신다면 저야 더할 수 없는 영광이죠. 하지만 조금만 미뤄 주시겠어요? 지금은 아시다시피 빨리 처리해야 할 것들이 많아서."

"아, 지금 당장 시작하자는 건 아니니까 신경 쓰지 않아도 돼."

"그럼 전 이만 먼저 가 볼게요."

후앙이 정중히 인사를 하고는 정자에서 내려와 바쁘게 걸음을 옮겼다. 총총 걸어가는 후앙의 뒷모습을 바라보는 쫑니의 가슴은 뻥 뚫린 것만 같았다.

그런데 바쁘게 걸어가던 후앙이 은채를 보더니 걸음을 멈추고 은채와 얘기를 하는 것이 보였다. 은채와 얘기 중인 후앙의 얼굴은 더없이 밝아 보였고, 가끔씩 시원하게 웃음도 터트렸다.

그 모습이 쫑니의 눈에는 무척이나 거슬렸다. 그리고 보면 후앙이 은채와 함께 있는 시간이 부쩍 많아진 것 같았다.
 '혹시 후앙이 저 여자를 좋아하는 게 아닐까?'
 쫑니의 얼굴이 심하게 일그러졌다. 정체를 알 수 없는 불길이 가슴 속에서 이글거려 무척 고통스러웠다. 그것은 바로 질투였다.
 질투!
 쫑니는 언제부터인지 모르지만 은채를 질투하고 있었던 것이다.

 둥둥둥둥-!
 북소리가 울렸다. 한나라 군사들이 쫑자매에게 함락된 마을을 향해 진군해 왔다. 수천의 정예 군사들이었다.

한나라 지휘부는 이번 사태를 꽤 심각하게 생각했다. 그대로 두었다간 베트남 전역에서 반란이 일어날 터였다. 따라서 이 기회에 쯩자매를 확실히 제압하기 위해 수천의 정예병을 파견한 것이다.

"적은 실전 경험이 풍부한 자들로 이루어진 정예군단이 분명합니다. 비록 저희들이 어느 정도 체계를 갖추고 있다고 하나 그들과 정면으로 붙어서 이길 수는 없습니다."

한나라 군사들이 진군해 온다는 소식을 듣고 쯩자매 진영에서는 작전 회의가 한창이었다.

후앙은 이미 한나라 군사들이 진군해 올 것을 예상하고 있었다. 그는 조직을 새로 꾸리고 은채의 조언을 기초로 해서 군사 체계를 확립하여 싸움에 대비하였다.

"뭔가 좋은 방법이 없을까?"

쯩짝이 후앙에게 물었다.

"매복을 하여 기습하면 놈들을 부술 수 있을 거야!"

쯩니가 주먹을 불끈 쥐며 애기했다.

"물론 그것도 생각해 보았지만 문제는 장갑으로 무장한 부대에요. 매복만으로는 장갑으로 무장한 자들을 이길 수가 없어요. 그들의 장갑을 부술 수 있는 방법을 찾지 않으면 이번 전투는 분명 저희가 집니다."

후앙의 말은 모두의 마음을 불안하게 했다.

"헌데 은채가 안 보이는군요. 무슨 일이 있는 건가요?"

그러고 보니 회의 중인 사람들 사이에 은채가 보이지 않았다.

"지금 은채 따위에 신경 쓸 때가 아니야!"

쫑니가 짜증 섞인 목소리로 외쳤다.

"그렇지 않아요. 은채는 늘 저희에게 기가 막힌 묘책들을 얘기해 주었죠. 어쩌면 이번에도 도움을 줄지 몰라요. 제가 찾아볼게요."

후앙이 문을 열고 밖으로 나갔다.

쾅-!

쫑니는 자신도 모르게 주먹으로 탁자를 내리쳤다.

"보내 버려!"

"보내 버리라니? 뭘 말하는 거야?"

쫑짝이 심상치 않은 표정으로 대꾸했다.

"은채 말이야! 다이아몬드인지 그거 줘서 돌려보내라고!"

쫑니가 버럭 소리를 질렀다. 쫑니는 진심으로 은채가 사라져 버리기를 바랐다.

"그건 쉽게 결정할 수 있는 문제가 아니야! 은채하고 무슨 오해가 있는 모양인데……."

"됐어!"

쫑니가 더 듣고 싶지 않다는 듯이 말을 끊으며 자리에서 벌떡 일어나 밖으로 나가버렸다.

'쫑니, 너 혹시 후앙을 마음에 두고 있는 거니?'

쫑짝은 걱정스러운 표정으로 쫑니의 뒷모습을 바라보았다.

관청 옆에 있는 마을 공터에는 사람들이 많이 몰려 있었다. 그들은 코끼리 묘기를 박수를 치며 구경하고 있었다. 그리고 그들 사이에 은채도 있었다.

은채는 코끼리 묘기를 보여 준다는 말에 보러 온 것이었다.

'이 시대에도 코끼리 묘기가 있었네!'

거대한 몸을 가진 코끼리가 이리저리 육중한 몸을 움직이며 조련사의 지시에 따라 재롱을 부리는 모습은 너무도 재미가 있었다.

"여기 있었군!"

"엇. 후앙? 용케 날 찾았네?"

후앙이 은채 옆에 서 있었다.

"어디서든 눈에 띄는 모습이니까."

"그래? 여기 사람들이랑 비슷하게 입었는데 눈에 띄어?"

'호호호. 하긴 내가 좀 어디서든 눈에 띄는 얼굴이긴 하지.'

은채는 거만한 표정으로 미소 지었다.

"아무리 여기 사람들이랑 비슷하게 꾸며도 난 언제든지 은채를 알아볼 수 있어."

두근!

후앙의 말에 은채는 가슴이 두근거리는 걸 느꼈다. 심장 박동이 빨라졌다.

"내가 변장을 해도?"

"물론! 완전히 변장을 해 남들이 전혀 눈치를 못 챈다 해도 난 알아

볼 수 있어."

"어떻게?"

"어떻게 그런지는 나도 잘 모르지만 그렇게 돼. 아마 너의 냄새를 맡을 수 있는 게 아닐까?"

"냄새…… 라고?!"

안색이 변한 은채는 몸에서 냄새가 나는지 화들짝 놀라 팔을 들어 냄새를 맡아 봤다.

"정말 나한테서 냄새가 난단 말야?!"

"사람은 누구나 냄새를 가지고 있어. 하지만 너의 냄새는 향기로운 꽃과 같다고 할까."

쿵쾅쿵쾅!

은채의 가슴이 기차화통처럼 두근거리기 시작했다.

'아무튼, 같은 말이라도 정말 달콤하게 한다니까!'

은채의 얼굴이 석양의 태양처럼 붉게 변해갔다.

"앗! 그리고 보니 작전 회의를 한다고 하지 않았어? 어떻게 됐어?"

은채가 갑자기 생각난 듯 손바닥을 탁치며 말했다. 말을 바꾸지 않으면 자신의 마음을 들켜 버릴 것 같았기 때문이었다.

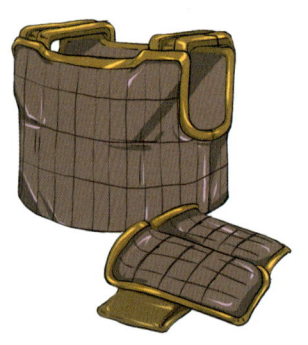

"한나라의 장갑 부대를 어찌 상대해야 할지 방법을 찾지 못했어."

"장갑 부대?"

"화살이나 웬만한 창칼로는 도저히 뚫을 수

없는 갑옷으로 무장한 정예병들이지."

"음! 그런 녀석들이 있었다니……."

은채는 한손으로 턱을 괴며 생각에 잠겼다.

"거기 피해욧!"

순간 날카로운 비명이 울려 퍼졌다. 묘기를 부리던 코끼리가 무슨 일인지 흥분하여 갑자기 은채 쪽으로 돌진했던 것이다.

"으아아악! 피해!"

사람들이 비명을 지르며 흩어졌다. 하지만 마침 다른 생각을 하느라 고개를 숙이고 있던 은채는 미처 코끼리를 보지 못하고 그대로 서 있었다.

쿵쿵!

눈 깜짝할 사이에 코끼리는 은채의 코앞까지 달려들었다.

그제야 은채는 고개를 들었다. 코앞까지 다가온 코끼리를 본 은채는 그대로 굳어 버렸다.

발이 떨어지지 않아 움직이지 못하고 있던 은채를 누군가 붙잡고 몸을 날렸다. 은채는 바닥에 나뒹굴고 나서야 겨우 정신을 차렸고, 코끼리는 은채가 서 있던 자리를 지나 뒤에 있던 집으로 돌진했다.

와지지직-!

나무로 된 집은 코끼리의 힘에 그대로 부서져 버렸다. 사람들이 코끼리를 따라 움직였다.

"괜찮아?"

은채를 낚아챈 건 후앙이었다. 후앙과 은채는 서로 껴안은 채 뒤엉

켜 바닥에 쓰러져 있었다.

　은채는 코앞에 있는 후앙의 얼굴을 바로 보았다. 따뜻한 숨결이 붉은 입술 사이에서 새어 나왔다. 은채는 이제는 아득한 옛날처럼 느껴지는 과거에 후안, 아니 알렉세이와 나눴던 입맞춤의 추억을 떠올렸다.

　갑자기 은채가 와락 후앙을 끌어안으며 입을 맞췄다. 후앙은 잠시 당황했지만 곧 은채의 입술을 받아들였다.

　'어쩌면…… 어쩌면! 후안일 때의 기억을 할 수 있을지도 몰라! 동화에서처럼, 다시 지나간 시간들이 떠오를지도 몰라.'

　은채의 바람에도 불구하고 입맞춤이 끝난 난 후에도 후앙의 기억은 그대로였다. 하지만 그래도 좋았다.

　지금처럼 다시 사랑하면 될 테니까.

　갑자기 발작한 코끼리가 쓸고 지나간 자리는 처참했다. 수십 채의 집이 박살났고 수십 명의 부상자가 난 끝에 겨우 코끼리를 잡을 수 있었다.

　하지만 코끼리가 피해만 준 건 아니었다. 이번 일 덕분에 쫑자매는 새로운 무기를 하나 얻을 수 있었다.

코끼리부대

전투가 시작되었다.

쯩자매의 운명을 가를 전투였다. 상대는 한나라의 정예 병사 수천 명이었다. 이들은 지금껏 상대해 왔던 한나라 병사들과 달리 잘 훈련되어 있었고 경험도 많았다. 거기에 가장 큰 걱정거리는 예상했던 대로 장갑 부대였다. 그들은 마치 철갑을 두른 불사의 군대 같았다.

쯩니가 자신의 부대원들을 끌고 그들과 부딪쳤다. 그 위력이 어느 정도인지 알고 싶었던 것이다. 결과는 참담한 실패였다. 비록 소규모가 덤벼든 것이었지만 대부분이 그들의 막강함에 막혀 쓰러졌다.

활은 그들의 방패를 뚫지 못했고 창과 칼은 그들의 갑옷을 베지 못했다. 실로 두려운 군대였다. 가까스로 쯩니와 두어 명만이 목숨을 구해 돌아올 수 있었다.

마을로 돌아온 쯩니는 고개를 들 수가 없었다. 순전히 자신이 고집을 부려 벌인 전투였기 때문이었다.

쫑니는 자신의 능력을 후앙에게 똑똑히 보여주고 싶었다. 그런 과욕이 실패를 불렀고 그 덕분에 많은 사람들이 목숨을 잃었다.

"너무 자책하지 마세요, 쫑니님! 이번 일이 아니어도 적의 전력을 파악하기 위해서 공격을 했어야 했으니까요. 덕분에 적의 전력을 확실히 파악했으니 전혀 성과가 없는 것도 아니에요."

기세가 꺾인 채 막사에 틀어 박혀 있는 쫑니를 후앙이 따뜻하게 위로했다. 어찌되었든 쫑니는 지금 없어서는 안 될 용맹한 투사였다. 그런 투사를 투지가 꺾인 채로 내버려 둘 수는 없는 일이었다.

그런데 잠자코 후앙의 말을 듣고 있던 쫑니가 덥석 후앙을 껴안았다.

"쫑, 쫑니님! 이 무슨!"

후앙이 놀라 움찔거렸다.

"내게 약속해 줘! 이 전투에서 승리하면, 한나라 놈들을 몰아내면, 내 사랑을 받아 주겠다고!"

후앙은 다자고짜 사랑을 받아 달라는 말에 뭐라고 해야 될지 멍한 기분이었다.

"싸울 수가 없어! 매 순간 네가 눈이 밟혀서 아무것도 할 수가 없어! 내가 싸울 수 있게 도와주면 안 되겠니? 약속을 해 줘!"

쫑니는 마치 후앙을 자신의 가슴 속에 집어넣어 버리기라도 할 것처럼 세게 끌어안았다. 그리고는 줄줄 눈물을 쏟았다. 강철 같은 여인이, 눈물 따위는 절대로 흘릴 것 같지 않은 여인이 사랑 앞에서 눈물을 흘리고 있는 것이다.

"그럴게요. 이 땅에서 한나라 놈들을 모두 몰아내고 나면 쫑니님이 원하는 대로 할게요."

후앙은 거부할 수 없다고 생각했다.

만약에 자신이 거부한다면 쫑니가 어떻게 변할지 장담할 수 없었다. 자신의 사랑보다는 나라를 구하는 것이 더 중요하다고 생각했다.

"고마워. 고마워, 후앙! 이젠 제대로 싸울 수 있을 것 같아! 무슨 명이든 내려줘! 후앙이 내리는 명이면 목숨을 걸고 완수할 테니!"

쫑니는 가슴이 벅차올랐다.

후앙을 얻을 수 있는 길이 생긴 것이다. 그 사실 하나만으로도 쯩니의 투지는 전에 없이 솟구쳤다.

쯩자매의 부대가 본격적으로 움직이기 시작했다. 후앙은 소규모 부대를 이용한 기습 공격과 후퇴를 반복하며 한나라 군대를 괴롭혔다. 일종의 게릴라전이었다.

그러나 그런 공격으로는 한나라 군대에 큰 타격을 입힐 수 없다는 것을 후앙은 알고 있었다. 실제로 거의 피해를 입지 않은 한나라 군대는 기세 좋게 마을로 전진해 왔다.

후앙은 마을을 버리고 밀림에서 싸움을 벌이고 싶었다. 나무가 울창한 밀림에 익숙한 베트남인들에게는 그곳이야말로 싸우기에 최적의 장소였다.

문제는 한나라 군대가 마을을 차지하고 나면 밀림에서의 싸움을 피할 가능성이 있다는 것이었다. 그렇게 되면 모처럼 뺏은 마을을 도로 내주고 아무것도 얻지 못한 채 패하게 될 가능성이 컸다. 결국 전면전을 벌이는 수밖에 없었다.

쯩자매의 부대는 마을 근처의 구릉을 중심으로 좌우로 갈라져 수풀 사이에 몸을 숨긴 채 한나라 군대를 기다리고 있었다. 구릉지를 포위한 형국으로 한쪽에는 쯩니, 다른 쪽에는 쯩짝이 부대를 지휘하고 있었다.

둥둥둥둥—!

멀리서 북소리가 울리더니 점점 가까워졌다. 수천의 한나라 병사들이 구릉 쪽으로 다가왔다. 온통 강철로 무장한 장갑병들이 앞을 막는 모든 것들을 없앨 것 같은 기세로 대열을 이끌고 있었다.

그 모습은 가히 장관이었다. 그리고 그 모습은 쫑자매와 부하들에겐 엄청난 압박이 되었다.

과연 저들을 이길 수 있을까? 매복한 채 한나라 병사들을 보고 있는 쫑자매 휘하 부대원들의 표정엔 두려움이 가득했다.

한나라 군사들을 이끌고 있는 채운 장군은 많은 전쟁을 경험한 장수였다. 채운은 상대에게 장갑병을 상대할 수 있는 수단이 없다는 것을 잘 알고 있었다. 그러니 쫑자매가 밀림으로 병사들을 끌어 들이려 할 것이라고 예상했다.

채운은 무엇보다 우선 마을을 다시 뺏는 것을 목표로 삼았다. 마을을 기점으로 해서 차근차근 주위의 작은 마을들과 반란군들을 제압할 계획인 것이다.

그리고 만에 하나 쫑자매가 마을을 지키며 싸우고자 한다면 바로 이곳에 숨어 있을 거라 예상하고 앞쪽에 장갑병 부대를 배치한 것이다.

"네 놈들에게 우리 장갑병을 상대할 게 있느냐? 아니면 불나방들처럼 불 속으로 뛰어들 것이냐? 와라, 하룻강아지들아! 네 놈들 뿐만 아니라 마을 사람들 모두 반역죄로 다스릴 것이다! 하하하하!"

채운이 껄껄 웃으며 계속 진격할 것을 명령했다.

둥둥둥둥!

한나라 병사들은 북을 치며 전진했다.

그런데 앞쪽에서 대열을 이끌던 장갑병들이 하나둘씩 걸음을 멈췄.

"전진하라! 어째서 진군을 멈추는 것이냐! 전진하라!"

지휘관의 전진 명령에도 장갑병들은 꼼짝도 하지 않았다. 오히려 주춤주춤 뒤로 물러서고 있었다.

쿵쿵쿵쿵쿵쿵쿵-!

"이게 무슨 소리지?"

지축을 울리는 소리에 채운 장군은 깜짝 놀랐다. 땅이 흔들리고 귀가 멍멍할 정도의 소리가 점점 가까워졌다.

맨 앞의 장갑병들은 얼굴이 창백해진 채 자꾸만 뒷걸음질했다. 그 바람에 대열이 엉망이 되어 뒤엉켜 버렸다.

"뒤로 물러서는 자는 목을 벨 것이다! 진격하라!"

채운이 소리를 질렀다.

바로 그 순간, 거대한 코끼리 수십 마리가 소리를 지르며 장갑병들 앞으로 돌진해 들어왔다.

뿌우우우우-!

"으, 으악!"

코끼리의 거대한 크기에 질린 장갑병들이 비명을 지르며 흩어졌다. 코끼리들은 닥치는 대로 움직이며 한나라 병사들을 헤집었다. 무엇이든 물리칠 것 같던 장갑병들은 코끼리에 치여 이리저리로 날아갔.

코끼리의 등에는 나무로 된 네모난 상자 같은 칸막이가 설치되어 있었고 그 안에 후앙과 은채가 타고 있었다. 말하자면 후앙이 코끼리 부대를 이끌고 있었던 것이다.

후앙이 코끼리 부대를 생각하게 된 것은 바로 마을에서 난동을 부린 코끼리를 보고 나서였다. 코끼리의 무시무시한 힘이면 한나라의 장갑

병을 상대할 수 있을 거라 생각했던 것이다.

후앙의 비밀병기는 바로 코끼리 부대였다.

예상대로 코끼리 부대는 한나라 장갑병들을 철저히 헤집어 버렸다. 그들은 코끼리의 위력에 겁을 먹고 제대로 된 저항도 하지 못했다.

한나라 진영이 혼란에 빠지자 기다리고 있던 쫑자매가 돌격 명령을 내렸다.

"지금이다! 한나라 놈들을 없애라!"

와아아아아-!

양쪽에 매복해 있던 쫑자매의 군사들이 쏟아져 나왔다.

"적이다! 진형을 갖춰라!"

한나라와 쫑자매의 군사들이 부딪쳐 뒤엉켰다.

삶과 죽음은 찰나의 순간에 결정되었다. 저마다 지키고자 하는 것을 위해, 살기 위해 서로에게 무기를 휘둘렀다. 그것이 전쟁이었다.

후앙과 은채가 타고 있던 코끼리도 초반과 달리 한나라 병사들의 무수한 공격에 더 버티지 못하고 쓰러졌다.

쿠웅-!

코끼리가 쓰러지며 그 등에 타고 있던 은채와 후앙도 위험해졌다.

후앙과 은채는 겨우 칸막이에서 기어 나왔다. 후앙의 손에도, 은채의 손에도 칼이 들려 있었다. 둘은 전쟁의 한가운데 서 있었다.

"내 뒤에서 절대로 떨어지지 마!"

후앙이 은채와 등을 붙이며 소리쳤다.

이야아아-!

한나라 병사가 소리를 지르며 후앙에게 달려들었다. 후앙은 그 공격을 피하며 칼을 휘둘렀다.

은채의 발 옆으로 한나라 병사가 쓰러졌다.

"헉!"

은채의 눈에 죽어 가는 한나라 병사의 얼굴이 들어왔다. 너무나 처참한 모습에 은채는 다리에 힘이 빠져 나가는 것 같았다.

"정신 차려! 다른 건 신경 쓰지 마! 살기 위한 것만 생각해!"

후앙이 소리를 질렀다.

"죽어라!"

인상을 쓰며 한나라 병사가 은채에게 달려들었다. 한나라 병사의 칼이 저를 향해 날아오는 것을 은채는 그저 멍한 표정으로 바라보고만 있었다.

왠지 현실같지 않은 느낌에 은채는 눈을 깜박였다.

한나라 병사의 칼에서 피가 뚝뚝 떨어졌다.

은채는 바닥에 주저앉아 눈을 부릅뜨고 있었다. 그 앞에, 후앙이 서 있었다.

"아아……!"

은채의 눈에서 눈물이 흘러내렸다. 후앙은 자신의 가슴을 내려다 보았다. 길게 베인 상처에서 흘러나온 피가 옷을 붉게 물들이고 있었다. 후앙은 한쪽 무릎을 꺾고 주저앉았다.

"크크! 이놈! 아직 숨이 붙어 있다니!"

한나라 병사가 후앙을 향해 칼을 쳐들었다.

"안 돼……."

은채는 바닥에 떨어져 있는 칼을 움켜쥐었다. 칼을 쥔 손이 사시나무 떨 듯 떨렸다. 은채는 후앙을 해치려 하는 한나라 병사를 바라보았다.

'지금이 아니면…… 지금이 아니면……!'

하지만 다리에 힘이 들어가지 않았다. 일어설 수가 없었다.

퍼어억!

둔탁한 소리가 울렸다. 은채는 후앙이 당했다는 생각에 눈앞이 깜깜했다.

그런데 쓰러진 것은 후앙이 아니라 한나라 병사였다.

"지킬 수 없거든 옆에서 떨어져!"

후앙의 목숨을 구한 것은 쫑니였다. 결정적인 순간, 쫑니가 창을 던져 한나라 병사를 저지한 것이다.

쫑니는 쓰러지려는 후앙을 한 손으로 안아 들며 은채에게 소리쳤다. 그건 쫑니의 진심이 담긴 말이었다. 자신이 곁에 있었다면 후앙이 이 상태가 되도록 내버려 두지 않았을 것이다.

조금만, 아주 조금만 늦게 보았어도 후앙은 죽었을 것이다. 쫑니는 후앙이 은채를 지키려다 이 꼴이 된 것이라 생각하니 참을 수가 없었다.

다행히 싸움은 쫑자매에게 유리하게 전개되었다.

코끼리 부대에게 워낙 큰 피해를 당한 한나라 군대는 연이은 쫑자매의 군사들의 공격에 점점 수세에 몰렸다.

비록 제대로 훈련 받지도 못한 군대지만 그들의 정신과 의지는 강했다. 그동안의 핍박과 설움에 대한 복수와 독립에 대한 의지로 똘똘 뭉친 그들의 힘은 한나라 병사들을 압도했던 것이다.

시간이 흐를수록 쓰러지는 한나라 병사들이 늘어 갔고 그들은 뒤로 밀려났다.

전면전에서 전세가 기울어 뒤로 밀리기 시작하면 승리할 수 있는 길은 없다. 한나라 병사들도 전세를 뒤엎기 위해 노력했지만 이미 돌이킬 수 없는 상태였다.

"후퇴하라! 후퇴하라!"

채운 장군은 어쩔 수 없이 후퇴 명령을 내리지 않을 수 없었다. 명백하고도 분명한 참패였다. 불과 수백 명만이 목숨을 건지고 퇴각하였다.

쯩자매와 베트남 백성들로 이루어진 군대가 한나라의 정예병을 대파한 것이다.

와아아아아-!

"이겼다! 우리가 이겼다!"

베트남 사람들의 함성이 구릉을 뒤덮었다.

감금된 은채

 관사의 한 방문 앞에서 쫑니가 초조하게 서성거렸다. 승리의 기쁨을 맛 볼 새도 없이 쫑니의 불안감은 극에 달했다. 칼에 맞은 후앙의 생사가 불확실한 것이다.
 한참 후에야 방문을 열고 의원이 밖으로 나왔다. 치료가 쉽지 않았는지 얼굴이 땀으로 흠뻑 젖어 있었다.
 "어떻게 됐나? 살 수 있는 건가?"
 쫑니가 밖으로 나온 의원에게 달려들어 물었다.
 "지금은 뭐라 대답할 수 없습니다. 하루 이틀 더 지켜봐야 합니다."
 "무슨 일이 있어도 살려 내야 한다! 이렇게 부탁할 테니 꼭 그렇게 해 주게!"
 "최선을 다하겠습니다. 그럼 이만."
 의원이 인사를 하고 뒤로 물러났다.

쫑니가 방안으로 들어갔다. 방안엔 후앙이 죽은 듯이 누워 있었는데 그의 벗겨진 상체 위에는 약초들이 덕지덕지 발려 있었다.

그 모습이 정말로 죽은 것 같아 보여 쫑니는 귀를 그의 입술에 대고 후앙의 숨결을 확인해 보았다. 가늘게 숨이 이어지고 있었다. 하지만 너무나 가늘어서 금방이라도 끊어져 버릴 것처럼 위태로웠다.

문득 은채의 얼굴이 떠올랐다. 쫑니는 후앙을 이 지경으로 몰아넣은 건 은채라고 생각했다. 쫑니의 눈에 화악 불꽃이 일더니 이글거리며 타올랐다.

은채 역시 초조한 상태였다.

후앙이 큰 부상을 입고 치료를 받고 있다는 것을 잘 알고 있었다. 당장이라도 후앙이 있는 방에 가고 싶지만 그의 옆에는 쫑니가 있었다.

쫑니는 언제부턴가 노골적으로 은채에게 싫어하는 기색을 내보였다. 그것을 무시할 수도 없는 일이었다. 은채는 조용히 자신의 방에서 후앙이 무사하기를 기도하며 기다렸다.

쾅!

그때, 문짝이 부서질 듯이 열리더니 병사 셋이 방으로 들어와 은채를 묶기 시작했다.

"이, 이게 무슨! 도대체 왜 이러는 거죠? 이게 다 무슨 일이냐고!"

은채는 황당하지 않을 수 없었다.

"우리도 이러고 싶진 않지만 쫑니님의 명이라 어쩔 수 없어."

"쫑니의 명이라고?"

병사들은 은채를 묶고는 번쩍 들어 어깨에 둘러메고 방을 나섰다. 그들은 은채를 관사 지하에 있는 감옥에 내려놓고 줄을 풀어 주었다.

"여기선 조용히 있는 게 좋아. 안 그러면 간수가 널 가만두지 않을 테니까!"

병사들이 문을 잠그며 얘기했다.

"부탁이에요. 쫑짝님! 쫑짝님에게 이 사실을 전해 주세요! 꼭 좀 부탁드릴게요!"

은채가 감옥 문에 달라붙으며 간절하게 얘기했다. 하지만 병사들은 아무런 대꾸도 없이 나가버렸다.

은채는 털썩 바닥에 주저앉았다.

'어떻게 이럴 수가? 설마 쫑니가 날 어쩌려는 걸까?'

도무지 왜 이런 일이 벌어진 건지 이해할 수가 없었다.

철컹. 철그럭!

주저앉아 있는 은채의 뒤에서 쇳소리가 들렸다. 은채는 휙 고개를 돌렸다. 감옥 안쪽 어두워 잘 보이지 않는 곳에 무언가 움직이고 있었다.

물끄러미 안쪽을 응시하고 있던 은채의 눈이 확 커졌다.

"헉······!"

크크크크. 철그렁!

그곳엔 괴인 하나가 쇠사슬에 사지가 묶인 채 은채를 보며 음산한 웃음을 흘리고 있었다. 산발한 머리칼과 뭐라 설명하기도 힘든 끔찍한 얼굴을 하고 있는 괴인은 당장이라도 쇠사슬을 끊고 달려들 것처럼 버둥거렸다.

"저 자는 이곳의 간수였던 자다."

흠칫!

은채가 휙 고개를 돌렸다.

쭝니가 감옥 문 앞에 서 있었다.

"우리가 이곳을 뺏기 전, 이곳에 갇힌 베트남인들을 갖은 방법으로 괴롭히다 죽이는 게 낙이었던 놈이지! 저놈을 풀어 주면 어떤 일이 생길까?"

"도대체 왜 날 이곳에 가둔 거지?"

"그걸 몰라서 묻는 거야? 넌 우리에게 없어서는 안 될 후앙을 위험에 빠트렸어! 그건 용서할 수 없는 죄다!"

쭝니의 목소리는 더할 수 없이 싸늘했다.

"하지만 그건 어쩔 수 없는 일이었어! 내가 그렇게 하고 싶은 게 아니었다고!"

"바로 그게 문제야! 네가 원하지 않아도 후앙이 위험에 빠지는 것! 결국 넌 후앙의 곁에 있어선 안 된다는 말이야!"

"그, 그런……?! 말도 안 돼!"

그런 이유 때문에 감옥에 가두었다니 은채는 어처구니가 없었다.

"한 가지 더 얘기해 줄까? 후앙은 이미 나와 결혼하기로 약속을 했다! 한나라와의 싸움에서 이긴다면 그렇게 하기로 이미 약속했어! 이제 싸움에서 이겼으니 후앙이 회복되는 대로 우린 결혼식을 올릴 거야!"

"뭐라고?"

후앙이 쭝니와 결혼을 약속했다니! 은채는 도저히 믿을 수가 없었다.

"어찌됐든 이제 너의 존재는 아무런 도움이 되지 않는다! 살고 싶거든 이곳에서 조용히 숨죽이고 있어! 언제든 저 자의 쇠사슬을 풀어 버릴 수 있다는 것을 명심하고 말이야!"

쫑니는 회심의 미소를 지으며 획 돌아서 걸어갔다.

"자, 잠깐만! 쫑짝님을 만나게 해 줘! 제발!"

은채가 감옥 문을 붙잡고 소리를 질렀다.

꽝-!

위로 향하는 두꺼운 문이 닫히는 소리가 요란하게 울렸다.

그러자 기다렸다는 듯이 쇠사슬에 묶여 있는 괴인이 은채를 보며 앞으로 나가려 버둥거렸다. 그는 괴상한 소리를 내며 쉴 새 없이 혀를 내밀어 입술을 쓸어 올렸다.

금방이라도 그를 묶고 있는 쇠사슬이 끊어져 버릴 것만 같았다.

은채는 공포와 두려움에 질린 채 감옥 구석에 웅크리고 앉아 귀를 틀어막았다.

후앙이 눈을 떴다. 드디어 긴 잠에서 깨어난 것이다.

"오오! 다행히 눈을 뜨셨군요!"

후앙의 곁에 있던 의원이 활짝 웃으며 얘기했다.

"여, 여긴?"

후앙이 몸을 일으키려 했지만 엄청난 통증에 도로 누워 버릴 수밖에 없었다.

"아직 움직이시려면 며칠 더 지나야 할 겁니다."

"제가 얼마나 누워 있었습니까?"

"대략 보름 정도입니다. 영영 깨지 않으면 어쩌나 걱정했습니다."

"보름씩이나……. 싸움은 어찌됐습니까? 지금 저희 군의 상태는요?"

후앙이 고통을 참으며 상체를 일으켰다.

"제가 나가서 확인해야겠습니다."

"지금 이렇게 무리하시면……!"

의원이 화들짝 놀라며 후앙을 부축했다.

"괜찮습니다. 조금만 도와주십시오. 이렇게 속 편하게 누워 있을 때가 아닙니다. 어서요!"

의원은 어쩔 수 없이 후앙을 부축해 방 밖으로 함께 나섰다.

한낮의 태양은 눈을 뜨기 힘들 정도로 강렬하게 이글거렸다. 눈이 부셔 아무것도 보이지 않던 후앙의 눈에 점차 주변의 모습들이 눈에 들어왔다. 마치 시장에라도 나온 것처럼 많은 사람들이 북적거렸다.

"한나라 정예군과의 전투에서 승리한 소식이 알려지며 전국 각지에서 사람들이 몰려들고 있고 있지요. 벌써 수만이 넘었답니다."

의원이 자랑스럽게 얘기했다.

"그렇군요. 드디어 베트남 백성들이 일어섰군요. 드디어……."

사람들을 보고 있는 후앙의 눈에 눈물이 글썽거렸다. 이제 비로소 꿈에 그리던 독립이 조금 가까워진 느낌이었다.

"네 이놈! 네 놈이 정녕 죽고 싶은 것이냐!"

그때 저 쪽에서 소란이 일더니 쫑니가 눈을 부라리며 달려왔다.

"후앙이 깨어나는 즉시 가장 먼저 내게 알리라 하지 않았느냐! 그리고 아직 회복이 되지 않았을 터인데 밖으로 데리고 나오다니! 그러고도 의원인 네가 살기를 바라느냐!"

"그, 그것이! 쭝니님에게 알리려 했으나 자꾸 밖으로 나가자 고집을 부리시는 통에……."

의원이 쩔쩔매며 대답했다.

"그래요. 의원님 탓이 아니에요. 제가 고집을 부렸어요."

"방에 갔는데 네가 없어 얼마나 놀랐는지! 몸은 괜찮은 거야?"

후앙이 무사히 깨어나 자신을 보고 있다니! 쭝니는 너무나 기뻐서 그를 와락 껴안고 싶을 지경이었다.

"덕분에. 그런데 쭝짝님은 어디 계신가요?"

"쭝짝 언니는 지금 몰려드는 사람들을 통솔하느라 정신이 없어! 하루라도 빨리 하노이로 진격해 한나라 놈들을 완전히 몰아내야 된다나?"

"그렇군요. 저도 그 얘기를 하고 싶었습니다. 한나라에서 지원병을 보내기 전에 하루라도 빨리 하노이에 있는 한나라 놈들을 몰아내고 독립을 해야 합니다. 지금 쭝짝님을 봬야겠어요."

"뭐라고? 정 그러면 내가 언니를 데리고 올 테니 방에서 쉬고 있어! 아직 몸이 회복된 것도 아니잖아."

쭝니는 무리를 하다 후앙이 잘못될까 봐 조바심이 났다.

"아니에요. 지금 제 한 몸 따위를 걱정할 때가 아닌걸요!"

후앙이 걸음을 옮겼다.

"제가 부축하겠습니다!"

의원이 후앙을 부축하려 하였다.

"아닙니다. 혼자 걸을 수 있을 것 같습니다."

후앙은 의원의 도움을 거절하고는 혼자 걸음을 옮겼다. 한발 한발 옮길 때마다 통증이 몰려 왔지만 쯩니에게 자신이 아무렇지 않다는 것을 보여 주고 싶었던 것이다.

쯩니는 물가에 내놓은 어린애를 보듯 후앙의 한 걸음 뒤에서 따라 걸었다.

사실 쯩니는 후앙이 깨어나면 결혼식을 올리겠다고 마음먹은 상태였다. 싸움에서 승리했으니 약속한 대로 더 이상 미룰 이유가 없었다. 물론 아직 쯩짝에게 그런 계획을 얘기한 것은 아니었다.

'그래, 지금 가서 얘기하는 거야!'

쯩니는 후앙도 깨어났으니 쯩짝과 다 같이 있는 자리에서 결정을 봐야겠다고 마음먹었다.

후앙과의 결혼은 상상하는 것만으로도 머릿속이 하얗게 될 정도로 짜릿했다.

"은채도 쯩짝님과 함께 있나요?"

당연한 것 같은 후앙의 질문이 쯩니의 달콤한 상상에 돌을 던졌.

쯩니의 마음이 별안간 어지러워졌다. 어쩌면 서둘러 언니를 만나려는 것이 사실은 은채를 보고 싶어서가 아닐까? 또 어쩌면 후앙의 마음 속에 은채가 생각하는 것보다 더 크게 자리잡고 있는 것은 아닐까?

'이 모든 것을 해결할 수 있는 건…… 역시 은채를 완전히 없애 버리는 것 뿐이야.'

쯩니는 처음으로 그런 생각을 했다.

사실 은채를 가둔 것은 미움과 질투 그리고 일종의 협박 같은 것이었다. 후앙에게서 멀리 떨어지라는 경고를 하고 싶은 것일 뿐 은채를 죽일 생각은 없었다.

하지만 이제 쫑니는 그것으로는 부족할지도 모른다는 생각이 들었다. 곪은 상처는 완전히 도려내야 치료가 되듯이 은채도 완전히 없애 버려야 된다고 말이다.

"뭐라고요? 은채가 어디에도 보이지 않는다고요?"

후앙은 놀라지 않을 수 없었다. 그건 쫑짝도 마찬가지였다.

"워낙 많은 사람들이 몰려들어 미처 신경 쓰지 못했어. 다시 한 번 철저히 찾아 보거라!"

쫑짝이 부하들에게 명을 내렸다.

부하들이 관사는 물론 마을까지 샅샅이 뒤졌지만 어디에서도 은채를 찾을 수 없었다. 부하들의 보고를 받은 후앙과 쫑자매는 침통한 표정이었다.

"혹시 자신이 있던 곳으로 돌아간 게 아닐까? 우리 앞에 갑자기 나타난 것처럼 갑자기 돌아간 것일 수도 있잖아?"

쫑니가 말했다.

"아니야. 그럴 리가 없어! 은채가 왔던 곳으로 돌아가려면 다이아몬드가 필요하다고 했어! 그게 아직 내게 있는데 은채가 갑자기 돌아갈 리가 없어!"

쫑짝이 확신에 찬 어조로 얘기했다.

"다이아몬드라고요?"

후앙이 무슨 소리냐는 듯 생소한 표정으로 쯩짝을 바라보았다.

"나도 처음 보는 거야. 그렇게 커다랗게 빛나는 보석은 난생 처음이었어."

쯩짝이 자신의 방 한쪽에 있는 궤짝을 열어 그 안에서 조그마한 상자를 꺼내 탁자 위에 올려놓았다.

"이거야."

상자의 뚜껑이 열리고, 그 안에 든 다이아몬드는 마치 기다렸다는 듯이 눈부신 광채를 내뿜었다.

"오오, 이렇게 귀한 것이! 그러면 은채가 이것을 갖게 되면 어디론가 사라진다는 말입니까?"

후앙이 놀랍다는 듯이 다이아몬드를 바라보았다.

"은채의 말로는 자신이 있던 곳으로 돌아가게 된다더군."

탁!

쯩짝이 다시 상자를 닫아 궤짝 속에 집어 넣고는 열쇠를 채웠다.

"워낙 엉뚱하고 호기심이 많은 아이라 여기저기 돌아다니고 있는 건지도 모르지. 부하들을 풀어 은채를 찾도록 할 테니 한나라 놈들 사령부가 있는 하노이 공격은 어찌할 건지 먼저 정하자. 그게 더 시급한 일이니까."

쯩짝이 탁자 위에 지도를 펼치며 얘기했다.

"은채는 내가 책임지고 찾도록 할게."

쯩니가 너무 걱정하지 말라는 투로 얘기했다.

"그래, 쭝니. 네가 꼭 은채를 찾아서 데려오도록 해."

 쭝니가 은채를 지하에 가뒀다는 사실을 전혀 모르는 쭝짝은 동생을 믿었다. 워낙 많은 사람들이 몰려들어 쭝짝은 이것저것 사소한 것에까지 신경 쓸 여유가 없었던 것이다.

 은채의 위기와는 달리 베트남의 독립은 꿈이 아닌 현실이 되어 점점 다가오고 있었다.

사랑의 맹세

쯩자매의 부대는 이제 수만으로 불어났다.

전국 각지에서 독립을 원하는 백성들이 몰려들었다. 근 100여년에 가까운 세월 동안 한나라의 수탈과 착취에 고통과 수난 속에서 살아온 베트남 백성들은 혜성처럼 나타나 승전을 거듭하고 있는 쯩자매에게서 희망을 보았던 것이다.

부대의 규모는 커졌고 특히 위력을 떨쳤던 코끼리 부대를 더욱 확충하였다. 이제 남은 것은 하노이로 진군해 한나라의 사령부를 부수고 완전 독립을 이루는 것이었다.

쯩짝은 하루라도 빨리 진군하고 싶었다. 시간을 끌면 한나라에서 지원 병력을 보내게 될지도 모를 일이었다. 그렇게 되면 전투는 더욱 어려워질 게 뻔했다.

쯩자매의 부대는 최대한 빠른 시간 내에 진군 준비를 끝내기 위해 다들 정신이 없었다.

후앙 역시 쫑짝을 도와 진군 준비를 하는 한편으로 은채를 찾기 위해 백방으로 뛰어 다녔다. 하지만 좀처럼 은채의 행방을 찾을 수 없었다.

"여기 저기 알아 봤지만 은채를 봤다는 사람이 없더군."

쫑니가 열심히 은채의 행방을 수소문했다며 후앙에게 얘기했다. 낙심하는 후앙을 보고 쫑니는 입술을 깨물었다. 사실 쫑니는 큰 고민에 빠져 있었다.

막상 은채를 죽이려고 하니 무언가 꺼림칙해진 것이었다. 은채를 죽이고 나서 혹시라도 후앙이 그 사실을 안다면?

생각만 해도 등골이 오싹한 일이었다. 또 그렇다고 해서 이제 와서 은채를 풀어 줄 수도 없었다. 그렇게 되면 은채를 가둬 두고 있었다는 사실이 들통 날 게 뻔했다. 애초에 은채를 가두는 것이 무리였던 것이다.

진퇴양난! 이러지도 저러지도 못할 상황이었다.

'아니야! 일이 이렇게 된 거, 역시 살려둘 순 없어! 곧 진군이 시작될 거야! 전쟁이 시작되면, 그때 제거하면 돼! 다들 전쟁을 생각하느라 은채 따위엔 신경도 안 쓸 테니까 말이야!'

쫑니는 고민 끝에 역시 은채를 없애는 쪽으로 결심했다. 전쟁 중에 혼란한 틈을 타면 감쪽같이 없앨 수 있을 거라고 판단했다. 그렇게 되면 은채를 감금해 둔 사실이 드러나지 않을 터였다.

쫑니는 은채를 찾는 척하며 전쟁이 시작되기를 기다렸다.

진군 준비가 끝나자 보름날부터 밤을 이용해 진군하는 것이 결정되었다. 보름까지는 불과 3일의 여유밖에 없었다.

후앙은 초조해졌다. 3일 안에 은채를 찾지 못하면 영영 찾을 수 없을 것 같았다. 그러던 중, 하늘이 도왔는지 후앙에게 은밀하게 서찰이 하나 전해졌다. 그 안에는 은채가 관사 지하에 갇혀 있다는 내용이 적혀 있었다.

후앙은 곧장 지하 감옥이 있는 곳으로 달려갔다.

"뭣이?! 후앙이 지하 감옥의 문을 열라 한다고? 설마 후앙이 은채가 지하 감옥에 갇혀 있다는 것을 알게 된 거야?"

와장창!

거칠게 일어선 덕분에 탁자 위에 있던 컵이 떨어져 깨졌.

부하의 보고를 받은 쫑니는 경악하지 않을 수 없었다. 도대체 후앙은 은채가 그곳에 갇혀 있는 것을 어찌 알았단 말인가?!

아니다. 지금은 그게 중요한 게 아니었다. 자신이 은채를 감금한 사실이 들통 나 버렸고 그로 인해 후앙이 자신을 어찌 생각할지 너무나 난감해졌다.

쫑니는 서둘러 지하 감옥이 있는 곳으로 달려갔다.

'이럴 줄 알았으면 차라리 미리 없애 버리는 것이었는데!'

후회가 밀려왔다. 그렇지만 이미 엎질러진 물이었다.

지하 감옥에 갇혀 있던 은채는 계속되는 공포와 고통으로 기진맥진해 바닥에 쓰러져 있었다. 여전히 사슬에 묶여 있는 괴인은 틈만 나면 사슬을 흔들어 대며 괴롭혔다.

먹을 것 또한 형편없었다. 이런 상태가 하루, 이틀 계속되며 은채의 절망도 깊어졌다. 조금씩, 조금씩 죽어 가는 것 같았다. 더 이상 배고픔도, 괴인이 내는 쇠사슬 소리도 들리지 않았다.

'죽는 걸까…… 난, 이렇게 죽어가고 있는 걸까.'

그렇게 생각하니 차라리 평온해지는 느낌이었다.

'하지만 딱 한 번만이라도 후앙의 얼굴을…… 아니, 목소리만이라도 듣고 싶어.'

은채는 후앙의 얼굴을 떠올려 보려고 노력했지만 이상하게 그의 모습이 떠오르지 않았다.

굳게 감은 은채의 눈에서 눈물이 뺨을 타고 길게 흘러 내렸다. 깊은 어둠 속으로 서서히 가라앉고 있는 것 같았다. 다시는 나올 수 없는 깊은 어둠 속으로.

"은채야!"

"어디 있어!"

"나 후앙이야! 대답해! 어디야!"

깊은 어둠을 뚫고 가라앉고 있는 은채의 귀에 낯익은 목소리가 들렸다. 은채는 자신이 꿈을 꾸는 거라고 생각했다. 그때, 갑자기 저 위에서 밝은 빛이 생기더니 깊은 어둠속에 있던 은채를 감싸고 쑤욱 끌어 올렸다.

달그락거리며 감옥 문이 열렸다. 후앙이 안으로 달려들어 은채를 안아 들었다.

"정신 차려! 나야, 후앙! 은채야! 눈을 떠 봐!"

은채의 얼굴로 후앙의 굵은 눈물이 떨어졌다. 은채의 얼굴이 너무도 야위어 있어 후앙은 가슴이 미어지는 것 같았다.

후앙의 눈물이 은채를 깨웠다.

"……아. 후, 앙……."

은채의 눈앞에 너무도 반갑고 그리운 얼굴이 울고 있었다.

"다행이야. 다행이야, 정말."

울고 있는 후앙의 얼굴에 환하게 미소가 번졌다.

"미안해. 여기에 있는 줄 몰랐어. 미안해……."

"……아냐. 후앙 잘못이 아닌걸. 이제라도 와 줘서 고마워……."

은채 역시 눈물을 글썽이며 미소 지었다.

후앙이 은채를 꽉 끌어안았다. 후앙은 무슨 일이 있어도 은채를 지키리라 다짐했다.

"여기서 나가자……."

후앙이 은채를 업은 채 일어섰다. 그리고 문을 열고 나가려던 중 누군가와 마주쳤다.

감옥 문 앞에 쯩니가 서 있었다.

후앙과 쯩니의 눈이 부딪쳤다.

후앙은 은채가 감옥에 있다는 글을 봤을 때 누가 은채를 그곳에 가뒀는지 직감했다.

"오면서 어떻게 된 건지 알아봤어. 새로 배치된 사람들이 많아서 모르고 은채를 이곳에 가둔 것 같더군. 행색이 수상해 보였나 봐."

쯩니는 후앙이 거짓말을 금방 알아챌 거라 생각하면서도 태연히 애

기했다.

"지금이라도 찾아서 다행이에요."

후앙은 아무런 감정도 드러내지 않고 대답했다.

"오래 갇혀 있어서 기력이 많이 쇠한 것 같아요. 얼른 방으로 옮겨야겠어요."

후앙이 은채를 안은 채 감옥에서 나와 걸음을 옮겼다.

막 쫑니 앞을 지나치는 찰나였다.

"약속은 잊지 말도록 해."

쫑니가 조용히 얘기했다. 후앙이 걸음이 우뚝 멈췄다.

약속?! 쫑니와의 결혼!

그 약속을 잊은 건 아니었지만 그렇다고 해서 이렇듯 노골적으로 얘기할 거라고는 생각지 못했다.

이것은 일종의 협박이었다. 약속을 지키지 않는다면 그 어떤 짓도 할 수 있다는 선언이었다.

후앙은 아무런 대답도 없이 다시 걸음을 옮겨 지하실 밖으로 걸어 나갔다.

"으아아아아!"

쾅!

후앙이 지하실 밖으로 나가는 것을 물끄러미 지켜보고 있던 쫑니가 괴성을 지르며 주먹으로 벽을 쳤다. 그 충격에 손이 찢어졌는지 벽을 타고 피가 흘러 내렸다.

쫑니는 이 모든 게 은채 때문이라고 여겼다. 쫑니의 은채에 대한 미움은 더 깊어지고 강렬해졌다.

 후앙은 은채를 자신의 방으로 데리고 왔다.
 누가 그곳에 은채를 감금한 건지 후앙은 묻지 않았다. 은채 역시 아무 말도 하지 않았다. 말이 없어도 누가 범인인지 잘 알고 있었던 것이다.
 그렇다고 안심할 수는 없는 일이었다. 아니, 어쩌면 더 위험해졌는지도 모른다. 은채와 후앙이 서로 좋아한다는 것을 분명히 알게 된 쭝니가 가만히 있을 리 만무했다.
 "푹 쉬고 나면 괜찮아질 거야."
 후앙은 은채가 안심할 수 있도록 더없이 편한 미소를 지었다.
 "나랑 같이 가자."
 "무슨……?"
 은채의 갑작스러운 말에 후앙은 어리둥절했다.
 "나와 함께 내가 있던 곳으로 가자!"
 "그, 그건……?!"
 후앙은 당황스러웠다. 은채를 좋아하고 함께 있고 싶은 건 사실이었지만 전혀 알지 못하는 다른 시대로 가는 것은 다른 문제였다.
 "쭝니와 한 약속이 무엇인지 알고 있어. 그렇게 할 거야?"
 "그건 진심이 아니었어. 하지만…… 이미 약속한 이상……."
 더 이상 말을 잇지 못하는 후앙의 얼굴엔 괴로움이 가득했다.
 은채가 후앙의 손을 잡았다.

"사실 지금까지 말은 하지 않았지만 나는 여러 시대, 여러 곳을 다녔어. 그때마다 후앙이 내 곁으로 찾아 왔어. 비록 다른 얼굴, 다른 모습이었지만 넌 늘 내 앞에 나타났어. 어쩌면 후앙도 나와 같은 시대에서 온 것인지도 몰라. 그러니 나와 함께 가자……."

은채는 진심이었다.

후앙과 함께 자신의 세계로 돌아가고 싶었다. 어떤 일이 있어도 떨어지고 싶지 않았다.

"만약 그렇게 하려고 해도 다이아몬드 없이는 안 되는 거잖아."

"그걸 어떻게……?"

"역시 그 말이 사실이었군. 쫑짝님이 다이아몬드를 보여 줬어. 하지만 쫑짝님은 쉽게 다이아몬드를 내주지 않을 거야."

"그렇게 되면 난 죽게 되겠지. 나의 죽음을 바라는 사람이 있으니까."

후앙은 아무 말도 할 수 없었다. 반박할 수 없는 사실이었다. 분명 쫑니는 은채를 죽이려 할 게 분명했다.

"너무 걱정하지 마. 곧 전쟁이 시작될 거야. 베트남의 운명이, 독립이 결정되는 마지막 전쟁이야. 내가 방법을 찾을게. 네가 다치는 걸 절대 그냥 두고 보지 않을 거야."

"후앙……."

은채와 후앙은 서로의 눈을 바라보았다. 서로의 눈 속엔 상대방의 얼굴로 가득했다.

그 모습을 방밖에서 숨죽이고 지켜보는 이가 있었다.

쫑니였다.

쫑니는 질투로 온몸에 불이 붙은 것처럼 부들거렸다.

보름달의 휘영청 밝고 둥근 얼굴이 까만 밤하늘에 걸려 있었다. 마을 앞 넓은 들판엔 수만의 군사들이 무기를 들고 서 있었다.
쫑짝이 그들 앞에 섰다.
둥둥둥둥.
나지막하게 북소리가 울렸다.
"이제 우리는 하노이로 진군할 것입니다. 독립을 휘한 최후의 전쟁이 시작된 것입니다. 그동안 우린 노예보다 더한 탄압을 받으며 살아왔습니다. 왜일까요! 나라를 빼앗겼기 때문입니다. 그것은 곧 우리가 살고 있는 집을 빼앗긴 것이나 마찬가지입니다. 이제 우리 것을 찾읍시다. 그동안의 고통과 아픔을 저들에게 되돌려 줍시다. 우리의 아이들에게 새로운 희망과 기쁨을 물려줍시다. 이제 우리에겐 후퇴란 없습니다. 우리는 나아갈 것이며, 우리의 땅을 되찾을 것입니다. 앞으로 나아갑시다! 승리를 향해 진군합시다!"

와아아아아아아-!

수만이 함성이 밤하늘에 울려 퍼졌다.

어느 정도 몸이 회복된 은채도 그들과 진군하는 데 함께했다.

최후의 전투

"본국에 지원을 요청해야 합니다. 적들의 기세가 심상치 않았습니다. 특히 코끼리 부대를 상대할 방법이 없습니다. 본국에서 지원병이 도착하면 그들을 동원해 적들을 일거에 섬멸하는 것이……."

"그 입 다무시오!"

하노이에 있는 한나라군 사령부에서는 채운 장군이 싸움에서 패하고 돌아와 대책을 논의하는 중이었다. 채운은 본국에 지원병을 요청해야 한다고 강력하게 주장하였지만 대장군인 유관백은 이를 일거에 거절하였다.

"본국에 지원을 요청한다면 황제께서 나를 어찌 생각하겠는가? 고작 반란 하나 진압하지 못한 무능한 장군이라 눈 밖에 나지 않겠는가 말이다! 본국에 지원 요청은 없소!"

"허나 적들의 숫자는 계속 불어나 수만에 이르렀다는 보고가 있습니

다. 결코 만만한 숫자가 아닙니다."

"어허! 그래봐야 고작 민병대 수준이 아니오! 갑옷은 고사하고 무기도 변변히 갖추지 못했다고 들었소. 그런 자들에게 패한 장수가 지금 변명을 하는 것이오!"

유관백이 탕탕 탁자를 내리치며 소리쳤다.

"겨우 부하 몇을 끌고 살아 돌아왔으면 부끄러운 줄 알아야 할 것이 아니오!"

"송구하옵니다."

"우리에게도 수만의 군사가 있소. 그런데도 그런 민병대에 패한다는 게 말이 된다고 생각하시오?"

"맞습니다, 대장군님! 채운 장군이 저들에게 패했다는 것은 수치스러운 일입니다."

"그러고도 아직도 장군이라니! 믿을 수가 없구만!"

"그러게나 말입니다."

"그래봐야 지휘할 병사나 있나?"

다른 장군들이 채운을 보며 끌끌 혀를 찼다.

"알겠습니다. 패배의 책임을 지고 장군의 직을 내려놓겠습니다. 하지만 마지막으로 말씀드리겠습니다. 적들은 곧 이 하노이로 진격해 올 것입니다. 대비하시는 것이 좋을 것입니다."

채운이 간절한 표정으로 얘기했다.

"하하하하! 아니, 민병대 놈들이 죽을 생각이 아니면 어찌 여기까지 쳐들어온단 말이오!"

"하하하하. 그러게나 말입니다! 고작 마을 하나 가진 놈들이!"

"여긴 우리 본진이 있는 곳이오! 그걸 잊으셨소? 하하하!"

그 누구도 채운의 말을 믿으려는 자가 없었다. 채운은 더 이상 말이 필요치 않다는 것을 느꼈다. 그는 조용히 자리에서 일어서 투구와 갑옷을 벗어 탁자에 정리해 두고 유관백에게 인사를 했다

"부디 대업을 이루시길."

"너무 걱정 마시오. 장군의 복수는 우리가 해 주리다!"

"심심하시면 강에 가서 낚싯대나 드리우시지요. 팔뚝만 한 잉어가 심심치 않게 올라온답디다. 하하하."

"하하하하!"

채운은 막사를 나서는 자신의 등에 쏟아지는 조롱과 비난이 아프지 않았다. 다만 한나라에 패배의 그림자가 길게 드리워져 있는 것 같아 그 점이 가슴 아플 뿐이었다.

경적필패. 적을 가볍게 보면 반드시 패한다!

그건 채운 자신도 깜빡한 통한의 실수였다.

그러한 실수를 사령부의 있는 모든 장수들이 똑같이 하고 있는 것이다.

둥둥둥둥-!

한나라 군영에 다급한 북소리가 울려 퍼졌다.

"대장군님! 기습입니다! 적의 기습입니다!"

유관백의 방 앞에서 부관이 소리를 질렀다.

"뭣이라?!"

잠을 자고 있던 유관백이 벌컥 문을 열고 방밖으로 나왔다.
"이미 외곽 동문이 적의 기습에 무너졌다는 보고입니다!"
"어찌 그런 일이! 놈들의 동태를 살피는 자들은 뭐하고 있었단 말이냐? 어찌 적의 움직임을 파악하지 못한 것이야! 당장 군영에 비상을 내리고 장군들을 소집해라! 어서!"
한밤중에 쫑자매 군대의 기습을 받은 한나라 군사들은 정신이 없었다. 순식간에 외곽 동문을 시작으로 남, 서, 북문이 차례로 무너져 본영을 사방에서 포위한 채로 좁혀 왔다.
"어째서 힘 한번 못 써 보고 순식간에 외곽이 모두 뚫린단 말인가! 그대들은 적을 충분히 막을 수 있다 하지 않았는가!"
유관백이 각 장군들에게 소리를 질렀다.
장군들은 고개를 들 수가 없었다.
"누가 저들을 막을 것이냐? 선봉에서 저들을 공격할 자가 이리도 없단 말인가?"
장군들은 서로 눈치를 보며 아무도 선뜻 나서려 하지 않았다.
"이런 한심한!"
쾅-!
유관백이 탁자를 내리쳤다.
"이곳이 함락되면 그대들의 목숨도 무사하지 못할 것이라는 것을 어찌 모르는 것이야! 채운 장군을 데리고 오라!"
"채운 장군은 어디론가 떠났는지 찾을 수가 없다고 합니다."
"이런!"

"대장군님! 나가 싸운다 한들 승리한다는 보장이 없습니다. 저들과 협상을 해 보시는 게 어떻겠습니까?"

한 장군이 얘기했다.

"협상?"

유관백은 협상이라는 말에 귀가 솔깃했다. 그 역시 이 싸움에서 이길 수 있을 거란 자신이 없었던 것이다.

"그렇습니다. 저들의 조건을 최대한 들어준다면 협상이 가능하지 않겠습니까?"

"음, 협상이라! 아무래도 그게 좋겠군!"

유관백은 협상단을 만들어 쫑자매에게 급파하였다.

한나라 주둔군의 외곽 방어진지를 간단하게 돌파한 쫑자매 군사들의 사기는 하늘을 찌를 듯했다. 쫑자매와 후앙 그리고 몇 장수들은 한나라의 본영을 공격할 계획을 의논하던 중, 한나라의 협상단이 도착했다는 보고를 받았다.

"협상단?"

"예, 그렇습니다. 그냥 돌려보낼까요?"

"돌려보내. 우린 협상 따윈 필요 없어. 어차피 협상 같은 거 하지 않아도 우리가 이길 수 있어! 시간을 벌어 보려는 속셈이야!"

쫑니가 소리쳤다.

"그럴 수도 있지만 일단 저들의 협상안을 들어 보고 결정해도 늦지 않습니다."

후앙이 쯩니와는 반대 의견을 얘기했다.

"은채는 어떻게 생각해?"

쯩짝이 고개를 돌리며 뒤쪽에 앉아 있는 은채에게 물었다. 모두 은채를 바라보았다.

"에…… 뭐, 잘은 모르겠지만 그래도 얘기라도 들어 보는 게 낫지 않을까?"

은채는 갑작스러운 질문에 당황하며 대답했다.

쯩짝이 은채에게 물은 것은 은채가 미래에서 온 만큼 이후에 어떤 결과가 생길 것인지 알고 있지 않을까 해서였다. 하지만 은채는 아는 게 별로 없었다. 결국 쯩짝은 협상단의 얘기를 들어 보는 것으로 결정하고 협상단을 불러 들였다.

쯩자매의 지휘 막사에 들어온 한나라 협상단들은 상대가 서른도 안 된, 더구나 여자들이라는 사실에 놀라지 않을 수 없었다.

'감히 여자 따위를 상대해야 한단 말인가!'

협상단은 쯩자매가 더없이 가소로워 보였다.

"협상하고자 하는 내용이 무엇인지 얘기해 보아라!"

쯩짝이 얘기했다.

"이쯤에서 반란을 멈추고 돌아간다면 베트남인들의 처우를 개선해 줄 것이오! 만약에 그렇지 않다면 본국에 지원병을 요청하여 큰 대가를 치르게 할 것이오!"

협상단의 대표는 상대가 여자라는 점을 업신여기고는 원래 계획과는 다른 조건을 얘기했다. 본국의 힘을 이용해 일종의 협박을 한 것이다.

"우리 한나라의 힘이 어느 정도인지 모르지 않을 터! 지금 하는 짓은 바로 천자에게 칼을 겨누는 것이오! 지금이라도 반란을 멈춘다면 없던 일로 해 줄 것이……."

파아악-!

협상단 대표는 더 이상 말을 잇지 못하고 픽 쓰러졌다.

쫑니가 벼락 같이 달려들어 칼로 베어 버렸던 것이다.

"네놈이 우리를 업신여기려 든단 말이냐? 주제도 모르고 감히 협박을 해?!"

쫑니의 칼이 대표를 따라온 자들까지 후려쳐 버렸다. 말리고 말고 할 틈도 없이 순식간에 벌어진 일이었다. 협상단은 모두 쫑니의 칼에 쓰러졌고 협상의 여지는 사라져 버렸다.

쫑니가 협상단을 베지 않았다고 해도 한나라가 내놓은 조건은 결국 들어줄 수 없는 요구였다. 하지만 갑작스러운 쫑니의 과격함은 모두를 놀라게 했다.

쫑니는 어느새 무척이나 폭력적으로 변해 있었다. 원래도 성격이 불같고 급하기는 했지만 전쟁이 계속될수록 점점 심해졌다.

아마도 그것은 사랑 때문일 것이리라. 아무리 노력을 해도 후앙이 자신을 봐주지 않는 데 대한 분노가 터져 나오는 것이다.

쫑니는 피가 뚝뚝 떨어지는 칼을 들고서 애꿎은 은채만 노려보았다. 어쩌면 후앙과 은채에게 똑똑히 보여 주고 싶은 건지도 모른다. 자신을 거역하면 어찌되는지 말이다.

이제 협상의 여지는 사라졌다. 어느 한쪽이 완전히 박살나야만 끝나는 전쟁이 시작되었다.

며칠 동안 치열한 공방전이 이어졌다.
뺏으려는 자와 지키려는 자! 독립을 하려는 자들과 결코 허락할 수 없는 자들이 서로의 신념을 위해 칼을 들었다. 여기저기서 칼이 부딪치고 비명이 울리고 사람들이 쓰러졌다.
한나라 병사들도 필사적이었다. 살기 위해선 치열하게 싸울 수밖에 없었다.
그러나 독립을 원하는 베트남인들의 열망과 의지는 더욱 치열했다. 그들은 서서히 한나라의 방어망을 뚫기 시작했다.
육중한 코끼리 부대가 한나라의 방어망을 박살내며 흩어 놓았다. 뚫린 길로 코끼리와 베트남인들이 쏟아져 들어갔다.
"와아아아!"
"막아라! 놈들을 막아라!"
"한나라 놈들은 한 놈도 남기지 마라!"
생사를 건 외침이 병사들의 사기를 돋웠다.
우아아아아!
땅에 쓰러진 한나라 병사들을 지나쳐 쯩자매의 군대는 계속 앞으로 전진했다. 이 싸움에서 승리하면 꿈에 그리던 독립을 이룰 수 있는 것이다. 베트남 사람들은 그렇게 의지를 다지며 함성을 질렀다.
베트남인들을 선봉에서 이끈 건 쯩니였다. 쯩니는 죽음에 대한 두려움도 잊은 채 싸우는 것에만 열중했다. 이미 무수히 많은 한나라 병사들을 쓰러트리고 지칠 법도 하건만 쯩니는 절대로 물러서지도 않았고 칼을 휘두르는 것을 멈추지도 않았다.

그녀의 용맹함은 같은 베트남인들에게도 전율스러운 것이었다.

전신戰神이 있다면 그러하리라.

"크아아아아! 내 앞을 막아서는 자는 모두 베어 버릴 것이다!"

"대장군님! 방어선이 완전히 뚫렸습니다!"

"곧 저들이 이곳으로 들이닥칠 것입니다! 더 이상 지체했다간 모두 몰살을 면치 못할 것입니다!"

"어서 후퇴해야 합니다!"

한나라 장수들의 얼굴엔 두려움이 가득했다. 불과 얼마 전까지 쯩자매 군대는 물론이고 그들에게 지고 돌아온 같은 편 장수까지 비웃던 그들이 새파랗게 질려 도망칠 궁리를 하고 있는 것이다.

"여기서 개죽음을 당하실 작정이십니까? 대장군님!"

유관백의 얼굴엔 체념과 후회가 가득했다. 그때 채운의 충고를 들었던들 이런 허무하고 치욕적인 패배를 당하진 않았을 것을!

그러나 후회는 아무리 빨라도 늦는 법! 돌이킬 수 있는 것은 아무것도 없었다.

"놈들이 도망친다! 쫓아라!"

전세가 기울었다는 것을 아는 한나라 병사들이 퇴각하기 시작했다.

선봉에서 병사들을 이끌던 쯩니는 비로소 멈춰 섰다. 쯩니에게 이제

이 전쟁은 끝난 것이나 마찬가지였기 때문이었다.

이제 또 다른 전쟁을 시작해야 될 때였다. 혼란하고 어수선한 틈을 타 오래전부터 결심했던 일을 실행에 옮길 때가 된 것이다.

쭝니는 믿을 수 있는 부하 10여명을 불러 모았다.

"다른 사람들 눈에 띄지 않게 은채를 찾아라."

"알겠습니다, 쭝니님!"

기나긴 전투로 지친 쭝니였지만 눈빛만은 그 어느 때보다도 어둡게 빛났다.

여명의 눈동자

　후앙은 쫑짝과 함께 전투를 지휘하고 있었고 은채는 그들보다 뒤쪽인 후방에서 부상자들을 돌보고 있었다. 임시로 마련된 천막은 물론이고 천막 밖까지 부상자들로 넘쳐났다.
　또 다른 부상자들도 쉴 새 없이 업혀 오거나 실려 왔다. 하나 같이 처참한 모습들이었다. 칼에 찔리거나 베인 상처는 물론이요, 아직 몸에 화살이 꽂혀 있는 사람도 있었다. 모두 살아 있는 것이 신기할 정도로 크게 다친 사람들이 대부분이었다.
　전쟁은 이렇듯 승리한 자들에게도 처참한 것이었다.
　은채는 흐르는 땀을 닦을 여유도 없이 부상자들의 상처를 돌보느라 정신이 없었다. 은채가 할 수 있는 것이라고는 그것 뿐이었다. 여기엔 수술을 할 수 있는 시설도 없었고 상처에 바를 약도 없었다. 있는 거라곤 약초가 전부였는데 그마저도 동이 나고 없었다.

은채는 치료라고 해봐야 벌어진 상처에서 흐르는 피를 닦아 주거나 부러진 뼈를 고정시키기 위해 묶어 주는 것밖에 할 수 없다는 것이 가슴 아팠다.

여기저기 고통에 찬 신음이 가득했다.

"살려 줘요……. 살려 주세요!"

무턱대고 은채를 붙잡고 울부짖는 자들도 있었다.

은채는 그들의 상처를 돌보며 이 전쟁이 어서 빨리 끝나기만을 기도했다.

전쟁은 거의 끝이 났다.

한나라의 대장군을 비롯한 살아남은 병사들은 필사적으로 퇴각을 시도하였고 승리를 확신한 베트남 군사들은 잔당들을 수색하거나 최후의 공격을 계속하고 있었다.

한나라에 나라를 빼앗긴 지 장장 100여년 만에 독립의 순간이 눈앞에 다가온 것이다. 전쟁에 참여하여 살아남은 베트남 병사들은 누구나 할 것 없이 가슴 벅찬 감격이 가슴속에 회오리치는 것을 느꼈다.

후앙 역시 독립의 순간이 다가왔음을 느꼈다. 그런데 후앙의 부하가 다가와 귀에 귓속말을 속삭였다.

"뭐라고요? 그게 정말입니까?"

"그렇습니다."

"은채는 지금 어디 있나요?"

"부상자들을 돌보고 있습니다."

"그럼 지금 당장 그곳으로 가 은채를 데리고 끼엠 호수로 가십시오! 곧 저도 그쪽으로 가겠습니다! 혹시 안 믿으려 들거든 이것을 보여 주세요!"

후앙이 부하의 손에 늘 옷에 달고 다니던 조그마한 노리개를 쥐어 주었다.

"알겠습니다!"

부하가 노리개를 쥐고 사라졌다.

그는 후앙이 만약의 경우를 대비해 쭝니의 근처에 붙여 둔 사람이었다. 그런데 쭝니의 부하들이 은채를 찾아 움직였다는 보고를 해온 것이다.

후앙은 불안하고 초조해졌다. 분명 쭝니는 이번에 끝을 보려 들게 분명했기 때문이었다.

쭝니가 그렇게 결심했다면 그 결심을 돌릴 수 있는 방법은 없었다. 쭝니는 쭝짝과 더불어 베트남인들에게는 나라를 구한 영웅이었고 위대한 지도자의 지위에 올라서 있는 것이나 마찬가지였다.

쭝짝에게 알려 쭝니를 말려 보는 방법도 있었지만 그것도 수월치 않았다. 쭝니가 협상단을 단칼에 베어버리는 것을 똑똑히 보지 않았는가? 쭝짝이 있는 자리에서도 쭝니가 그렇게 나왔으니 쭝짝이 말한다고 해서 들을 것 같지도 않았다.

이제 은채를 살릴 수 있는 방법은 단 하나뿐이었다. 그것은 바로 쭝짝이 가지고 있는 다이아몬드였다. 후앙은 가까운 곳에 있는 쭝짝의 막사로 뛰어 갔다.

같은 시간, 쫑니 역시 쫑짝의 막사로 향하고 있었다.

다이아몬드에 은채와 후앙이 함께 어디론가 사라질 수 있는 힘이 있다는 사실이 떠올랐던 것이다. 그것을 막기 위해 쫑니는 다이아몬드부터 손에 넣어야겠다고 생각했다.

쫑짝의 막사에 먼저 도착한 것은 후앙이었다.

"오오! 후앙! 곧 전쟁이 끝날 것 같아! 드디어 우리가 이겼어! 우리가 이겼다고!"

쫑짝은 막사 앞에서 다른 지휘관들과 있다가 후앙을 보고 소리쳤다.

"그래요. 저희들이 이겼습니다. 진정으로 축하드립니다. 이건 다 쫑짝님의 탁월한 지도력 덕분입니다!"

"무슨 소리! 축하를 받아야 될 사람은 나뿐만이 아니라 우리 모두야! 특히 후앙의 놀라운 계책이 아니었다면 불가능했을 일들이야!"

쫑짝이 덥석 후앙의 손을 잡으며 얘기했다.

"별 말씀을. 전 그저 쫑짝님을 조금 도운 것 뿐입니다! 우리를 이끈 것은 쫑짝님의 공이죠. 베트남 백성들은 모두 그렇게 생각하고 있어요."

"하하하. 그렇게 생각한다니 고맙군!"

쫑짝은 무척이나 들떠 있었다.

이제 새로운 시대가 열린 것이다. 나라를 구하고 독립을 이룬 쫑자매의 시대. 쫑짝은 그 새로운 시대를 어떻게 운영할지 너무도 가슴이 벅차올랐다.

사실 그 누구에게도 말을 꺼내진 않았지만 새로운 나라를 만들어 왕으로 등극하는 것도 충분히 가능한 일이었다.

왕! 생각만으로도 너무도 황홀하고 짜릿한 자리였다.

"한 가지 궁금한 게 있습니다."

"응?"

다른 지휘관과 얘기하던 쯩짝이 고개를 돌려 후앙을 바라보았다.

"은채 말이에요. 모든 것이 끝나면 돌려보내실 건가요?"

"물론 그리 약속했지만 그 문제는 정말로 모든 게 끝나고 난 후에 다시 생각해 보는 게 좋을 것 같더군. 후앙도 알고 있겠지만 은채가 오고 나서부터 모든 일이 잘 풀렸지. 행운을 가져다 주는 건 곁에 두는 게 좋지 않겠어?"

"그렇군요. 당연히 행운을 주는 것은 옆에 두어야겠죠."

쯩짝은 아무것도 모르고 있었다. 은채와 후앙이 서로 좋아하는 것도, 쯩니가 은채를 죽이려 한다는 것도. 또한 은채를 돌려보낼 생각이 없다는 것을 후앙은 분명히 알 수 있었다.

"그러면 저는 잔당들 상황을 살피고 올 테니 쯩짝님께서는 승리 선언을 준비해 주세요."

"하하하하! 승리 선언이라! 좋군! 아주 좋아!"

쯩짝은 기쁨을 감추지 못했다. 아니 굳이 감추려 하지도 않았다. 마음껏 기쁨을 표해도 충분한 상황이 아니던가!

후앙은 인사를 하고 물러나고는 쯩짝 몰래 막사 뒤로 돌아가 안으로 들어섰다. 막사 한쪽에 다이아몬드가 들어 있는 궤가 놓여 있었다.

굳게 입을 다물고 있는 궤의 자물쇠를 후앙은 물끄러미 바라보았다. 자물쇠를 여는 것은 어렵지 않지만 허락도 없이 쯩짝의 물건에 손을 댄다는 것이 조금 꺼림칙했다.

그러나 선택의 여지가 없었다.

"오오! 무사했구나, 쫑니! 어디 다친 데는 없니?"

쫑짝이 달려오는 쫑니를 보며 소리쳤다.

"다이아몬드! 다이아몬드 어디 있어?!"

쫑짝이 다짜고짜 소리를 질렀다.

"다이아몬드? 그건 왜? 다이아몬드라면 내가 잘 보관하고 있는데?"

쫑니는 쫑짝을 밀치고 달려가 언니의 막사로 뛰어 들어갔다. 그리곤 그 자리에 멍하니 섰다.

막사 안에 있던 궤짝은 활짝 열려 있었다.

"이럴 수가! 감히 누가?! 감히 누가 내 막사에 들어와 다이아몬드에 손을 댔단 말이냐!"

쫑짝이 놀라 소리를 질렀다.

"혹시 후앙이 이곳에 왔었어?"

"후앙? 방금 전에 잔당들 상태를 살핀다고…… 설마 후앙이 다이아몬드를 훔쳤단 말이니?!"

쫑짝은 도무지 믿을 수가 없었다.

"후앙은 은채와 이곳을 떠날 생각이야!"

쫑니가 버럭 소리를 지르고 막사에서 뛰쳐나갔다.

"으, 은채와 후앙이 이곳을 떠난다고?"

쫑짝은 망연자실한 표정으로 중얼거렸다.

쫑니는 곧장 부상병들이 있는 곳으로 내달렸다. 쫑니의 눈동자에서 불꽃이 활활 타오르고 있었다. 후앙과 은채, 두 사람이 함께 있는 모습이 눈앞에서 아른거렸다.

'가만두지 않아! 절대로 가만두지 않겠어!'

자신 때문에 무슨 일이 벌어지고 있는 건지 꿈에도 모른 채 은채는 정신없이 일을 하고 있었다. 상처를 묶을 때마다 환자들은 무시무시한 비명을 질러댔다. 그 소리를 들어도 이젠 눈물도 더 이상 나오지 않았다.

은채는 이곳에서, 이 지옥 같은 곳에서 한시라도 빨리 벗어나고 싶었다.

후앙이 보고 싶었다.

'무사하겠지, 후앙은? 곧 우리의 승리로 전쟁이 끝난다니, 전쟁이 끝나면 후앙과 함께 이곳을 떠날 수 있겠지? 그럴 거야. 그럴 수 있을 거야, 분명.'

은채는 그런 생각을 하며 이를 악물고 버텼다.

그때 누군가 은채의 어깨를 꽉 움켜쥐었다.

"누, 누구죠?"

은채는 너무 놀라 뒤로 주저앉으며 고개를 돌렸다.

"후앙님이 보내서 왔습니다. 저와 함께 가셔야겠습니다."

후앙이 보낸 부하였다.

"후앙이 보냈다고요?"

후앙이 보낸 부하가 노리개를 보여 주었다. 그제야 은채는 안심을 했다.

"끼엠 호수에 가셔야 합니다. 이제 시간이 없습니다. 어서 저를 따라 오십시오!"

"지금 말인가요?"

"어서요!"

그때였다.

"저기다! 저기 있다!"

멀리서 쫑니의 부하가 소리쳤다.

"잡아라!"

고함 소리와 함께 병사 몇 명이 은채가 있는 곳으로 내달렸다.

탁탁탁탁-!

은채는 후앙이 보낸 부하와 함께 호수를 향해 내달렸다. 그 뒤를 쫑니의 부하들이 쫓고 있었다.

숨이 턱까지 차올랐지만 은채는 발을 멈출 수가 없었다. 여기서 발을 멈춘다면 죽음이었다. 죽을지도 모른다는 두려움보다 호수에서 기다리고 있을 후앙에 대한 그리움이 더 컸다.

하지만 마음과는 상관없이 보폭은 자꾸만 좁아지고 느려졌다.

"제 말 잘 들으십시오! 여기서 계속 달리다 보면 오른쪽으로 길이 꺾일 겁니다. 그곳에 끼엠 호수가 있습니다. 어서 가십시오! 제가 시간을 벌겠습니다!"

후앙이 보낸 부하가 걸음을 멈추며 소리쳤다.

"하지만……!"

은채도 따라 걸음을 멈췄다.

"멈추지 말고 달리란 말입니다! 어서요!"

부하가 천둥처럼 소리를 질렀다.

은채는 머뭇거리다가 그대로 내달렸다. 뒤쪽에서 칼이 부딪치는 소리가 들렸다.

혼자서 저들을 모두 상대할 수 없다는 것을 은채는 잘 알고 있었다. 하지만 은채는 뒤돌아보지 않았다. 필사적으로 달려가는 은채의 얼굴 위로 눈물이 흘러 내렸다.

저 멀리, 마치 신기루처럼 빛이 나는 호수가 눈물 너머로 흐릿하게 보였다. 끼엠 호수에 도착한 것이다.

이별 그 후

　돌다리로 이어진 호수의 작은 정자엔 후앙이 보이지 않았다. 은채는 털썩 주저앉았다. 숨이 턱까지 차오르고 절망감도 차올랐다.
　은채는 혹시나 하는 마음에 일어서 주위를 둘러보았다. 넓은 호수 주위로 나무들이 늘어서 있었다. 그 순간 나무 사이로 무엇인가 휘휘 스쳐 지나가는 것이 보였다. 누군가 달리고 있었던 것이다.
　"후아아아앙!"
　"여기야, 후앙!"
　은채가 소리쳤다. 그러자 후앙이 나무 사이로 모습을 드러냈다. 정말 후앙이었다.
　"은채야!"
　후앙이 은채를 부르며 손을 흔들고는 돌다리 입구 쪽으로 달려 왔다.
　"아아. 와 주었구나, 후앙!"

은채는 시커먼 어둠속에서 빛을 본 것 같았다.

그런데, 돌다리를 향해 달리던 후앙이 우뚝 걸음을 멈췄다. 은채를 뒤쫓던 쭝니의 부하들이 먼저 돌다리로 올라선 것이다.

쭝니의 부하들이 들고 있는 칼에는 이미 피가 묻어 있었다. 그들을 막아섰던 후앙의 부하의 피였다.

"물러서라! 정자로 다가서는 자는 내가 용서하지 않을 것이다!"

후앙이 버럭 소리를 질렀다.

돌다리를 건너 정자로 걸어가던 쭝니의 부하들이 멈칫했다. 비록 자신들이 쭝니의 부하이긴 했지만 후앙의 위치가 어느 정도인지 잘 알고 있었기에 무시할 수는 없었다.

부하들이 서로 얼굴을 보며 주춤거렸다.

"물러서라, 어서!"

쭝니의 부하들은 어찌할 바를 모르고 뒷걸음질했다.

"물러서는 자는 내가 용서하지 않을 것이다! 은채를 죽여라!"

후앙을 뒤쫓아 온 쭝니가 호숫가에 모습을 드러내며 소리를 질렀다. 직속상관의 명령에 부하들이 정자로 다가섰다.

아아! 이제 피할 수 있는 길은 호수로 뛰어드는 수밖에 없었다.

은채는 절망 어린 눈으로 후앙을 바라보았다. 후앙 역시 은채를 바라보았다.

'미안해. 너와 함께할 수 없을 것 같아. 하지만 너를 만난 건 지금껏 내가 겪은 그 어떤 것보다도 기쁨이었어.'

후앙의 눈에서 눈물이 흘러 내렸다.

은채의 뒤로 쫑니의 부하들은 점점 더 다가왔다.

'아마도 다시 만날 수 있겠지. 또다시 시대 어디쯤에서 네가 얘기한 것처럼 우리는 또 만나서 사랑할 수 있겠지. 그래서 지금은 슬퍼하지 않을게. 슬픔 대신 그리움을 가득 채워 다시 만날 날을 기다리고 있을게. 고마워. 이곳에서도 날 다시 사랑해줘서.'

후앙이 눈물을 흘리며 미소 지었다.

은채의 뒤로 다가온 쫑니의 부하가 칼을 들어 올렸다.

"이걸 받아! 은채야!"

휙-!

후앙이 은채에게 다이아몬드를 집어 던졌다. 번쩍이는 다이아몬드가 은채의 눈앞으로 다가왔다.

'아. 이건!'

은채는 그게 무엇인지 대번에 알 수 있었다.

은채는 날아오는 다이아몬드를 보며 망설였다. 후앙과 함께가 아닌 혼자서는 돌아가고 싶지 않았다. 후앙과 떨어지고 싶지 않았다.

하지만…… 하지만…….

슈아아악-!

쫑니의 부하가 휘두른 칼날이 번쩍이며 다가왔다.

"후아아아앙!"

은채는 후앙의 이름을 부르짖으며 떨어지는 다이아몬드를 움켜쥐었다.

번쩍-!

다이아몬드를 움켜쥔 은채의 손 사이로 무시무시한 광채가 새어나왔다.

"으허억! 쨍그랑!

광채에 놀란 쭝니의 부하들이 칼을 떨어뜨리며 털썩 주저앉았다.

마치 빛을 내며 산산이 부서져 사라지는 물보라처럼 은채의 몸도 조금씩 부서져 사라졌다.

"안녕, 후앙. 안녕히……."

"다시 만날 때까지 기다릴게! 기다릴 거야!"

후앙이 소리를 질렀다.

우당탕탕!

은채는 박물관 바닥에 내동댕이쳐지듯이 나뒹굴었다.

"아이고, 깜짝이야!"

막 모퉁이를 돌던 기찬은 요란한 소리와 함께 복도 바닥에 뒹굴고 있는 은채를 보곤 기함했다.

"은채 넌 조용히 좀 다니면 안 되겠냐?! 간 떨어질 뻔했잖아!"

"나도 조심하고 있거든? 나 건드리지 마. 지금 기분 정말 꿀꿀하니까."

은채는 침울한 표정으로 얘기했다.

"왜 그래? 무슨 일이 있었어?"

"……."

은채는 아무 대답도 할 수 없었다. 뭐라고 얘기해 봐야 삼촌이 믿을 것 같지도 않고, 무엇보다 후앙을 떠올리면 눈물이 쏟아질 것 같았다.

"다이아몬드는? 다이아몬드는 찾았어?"

"여기! 이게 네 번째야."

은채가 다이아몬드를 내밀었다.

"오오! 성공했군. 이제 하나만 찾으면 끝이다……."

"근데 삼촌, 혹시 쯩자매라고 알아?"

"쯩자매? 쯩짝과 쯩니라는 그 베트남의 여왕 말이냐? 그럼 당연히 알지. 내가 모르는 게 어디 있겠어?"

"쯩자매가 베트남의 여왕이 됐어?"

"원래 여왕이었던 것은 아니고 그 당시 베트남을 오랫동안 지배하고 있던 한나라를 몰아내고 여왕의 자리에 올랐지."

"그랬구나. 그래서?"

"근데 그게 오래 못 가."

"오래 못 간다고? 어째서?"

"후한 광무제라고 들어봤지? 한나라의 유명한 정복 군주지. 그 광무제가 대군을 이끌고 다시 베트남을 공격하여 쯩자매를 무너뜨렸거든. 쯩자매와 베트남인들은 끝까지 저항했지만 막강한 한나라 군대에 패했어. 쯩자매는 적의 포로가 되느니 죽음을 선택하여 강에 투신했지."

기찬은 마치 지식을 뽐내려는 듯 거만한 표정으로 얘기했다.

"그랬구나……. 결국 죽었구나."

"왜 그래, 너?"

"그럼, 혹시 그들이 누구와 결혼했는지도 알아?"

"결혼? 글쎄. 그것까지는 모르겠는데."

"뭐야. 모르는 게 없다면서?"

"하하. 그, 그러게 말이다. 그것까지는 역사에 기록되지 않은 거라……."

기찬은 멋쩍은 듯 더듬거렸다.

"됐어! 마지막 다이아몬드를 찾아야겠어!"

은채가 벌떡 바닥에서 일어섰다. 어쩌면 다시 후앙을 볼 수 있을지도 모른다.

'이번만은 절대로 손을 놓지 않을 거야. 절대로.'

그때 또로로로- 은채의 눈앞으로 다이아몬드가 굴러 갔다.

베트남의 독립을 위해 싸운 위대한 여성 영웅, 쯩자매

기원전 111년, 중국의 한 무제가 베트남을 정복한 이래 972년, 독립을 이루기 전까지 베트남은 무려 천 년 간이나 중국의 속박을 받았습니다. 물론 그 사이에 베트남 백성들이 단 한 번도 독립의 의지를 비치지 않은 것은 아니었어요. 한나라의 통치를 받기 시작한 지 백 년이 지났을 때, 그들의 통치 방식이 바뀌어 백성들이 힘들어 하자 독립을 위해 조직을 꾸리는 사람들이 있었습니다. 그들은 한나라 관리들과 병사들을 베트남에서 몰아내려고 싸울 준비를 하고 있었지요. 쯩자매의 이야기도 여기에서 시작됩니다.

쯩짝과 쯩니 자매는 정말로 평범한 아가씨들이었습니다. 만약 베트남이 한나라의 지배를 받고 있지 않았다면 두 자매는 그야말로 평범하게 살다가 죽었겠지요. 하지만 한나라에 지배받는 속국의 백성이라는 상황이, 한나라 관리들에 수탈당하는 백성들의 안타까운 현실이 이 자매를 영웅으로 만들었답니다.

그저 여인일 뿐인 쯩자매는 어찌하여 베트남 백성들을 대표하여 나서게 되었을까요? 쯩자매가 한나라에 맞서 싸울 결심을 할 때 남자들은 왜 가만히 있었을까요? 이 질문에 대한 답은 고대 베트남 사회의 특성과 함께 설명할 수 있습니다. 고대 베트남은 모계사회였고, 그에 당연히 여성들의 권리와 힘도 컸어요. 여성 관리는 물론이고 여성 장군들도 많았답니다. 뒤에도 나오겠지만 쯩자매의 군대를 지휘하던 고위 장군들은 여성들이 대부분이었어요.

결론부터 얘기하자면, 쯩자매는 결국 그들이 바라던 독립을 이루었습니다. 비록 3년이라는 짧은 시간뿐이었지만 말이지요. 쯩자매의 군대는 솔직히 말해 한나라에 비해 전력이나 조직, 지도력 등에서 매우 열악했지만 독립을 향한 의지가 강했고, 반란군의 위험성을 제대로 인식하지 못한 한나라의 늦은 대응이 있었기에 성공할 수 있었습니다.

자, 그럼 독립을 위해 강대국과 맞서 싸운 위대한 영웅 쯩자매의 고국, 베트남이 어떤 나라인지 한번 살펴볼까요?

베트남, 어떤 나라인가?

베트남은 동남아시아 대륙부의 인도차이나 반도 동쪽 끝에 위치한 국가예요. 북쪽은 중국과, 동쪽부터 남서쪽은 남중국해와 타일랜드 만에 닿아 있으며, 서쪽은 산간 지대로 쯔엉 썬 산맥이 라오스, 캄보디아와 경계를 이루고 있지요. 전체 면적은 약 33만km²로 우리나라보다 크지만 국토의 대부분이 산지인 것은 우리나라와 비슷합니다. 베트남의 인구는 약 9,152만 명으로 세계 인구 순위 14위랍니다.

베트남인들의 생활 중심지는 북부의 홍 강 델타와 남부의 메콩 강 유역이에요. 1년에 이모작이 가능한 홍 강 델타 지대는 베트남 문화의 중심지였답니다. 메콩 강 지역은 본래 캄보디아의 영토였는데 남월이 참파 왕국을 멸망시키고 흡수하여 오늘날의 베트남 영토를 만들었지요.

베트남의 인종은 동남아시아의 다른 국가들과 마찬가지로 복잡·다양하여 54개의 종족으로 구성되어 있어요. 대다수를 차지하는 것은 비엣족으로 전체 인구의 87%나 된답니다. 이 외에 소수민족인 크메르족과 참족, 중국인 화교가 살고 있어요. 크메르족은 메콩 강 유역에 살던 캄보디아인들의 후예이고 참족은 예전 참파 왕국의 후손으로 극히 소수가 베트남 남부에 거주하고 있어요. 중국 화교들은 도시 중심에서 상업 활동을 하며 부를 축적했답니다.

베트남과 한국은 아주 오랜 옛날부터 교류가 있었어요. 고려 시대엔 베트남의 왕자가 표류하다가 황해도에 정착한 이후 몽고의 침입 때 공을 세웠다는 기록이 남아 있고, 조선 시대에는 중국을 중심으로 베트남과 조선 사이에 사신이 교류하면서 학

문의 발전이 이루어졌다는 기록이 남아 있답니다.

이후 베트남 전쟁 당시 한국군이 전쟁에 참전하기도 했습니다. 베트남 전쟁은 공산주의와 민족주의를 내세운 북베트남이 프랑스의 식민지에서 독립하기 위해 프랑스와 치른 제1차 전쟁과 미국의 비호를 받는 남베트남과 치른 제2차 전쟁으로 나뉘는데 한국군이 참전한 것은 제2차 베트남 전쟁이었답니다.

1964년부터 1966년까지 한국은 비전투요원 이동외과병원 130명과 태권도 교관 10명, 비둘기부대, 맹호부대와 해군 청룡부대, 백마부대 등 약 30만명의 병력을 베트남전쟁에 파견했습니다. 한국의 베트남 파병은 군사 및 경제개발과 관련한 조치였으며 한국군의 현대화와 경제발전에 큰 영향을 가져왔어요.

이후 한국과 베트남은 1992년에 수교를 맺었고, 그 후로 이십년이 지났습니다. 현재 베트남에 살고 있는 한국인 교민의 수는 약 8만 5천 명이고, 한국에 체류하고 있는 베트남인의 수는 약 9만 명이에요. 이중 4만 명은 베트남 신부이고 5만 명은 노동자랍니다.

베트남과 한나라

중국 진시황의 통일 사업이 그의 사망과 함께 무너진 후 진의 혼란기에 남해군 도위였던 임효는 남방에 독립된 나라를 세우고자 했습니다. 하지만 병으로 뜻을 이루지 못하게 되자 휘하에 있던 용천현 현령 조타에게 자신의 뜻을 유언으로 남겼지요. 도위 직을 물려받은 조타는 진이 멸망하자 계림군·상군을 병합하여 광동과 광서 일대를 중심으로 남월, 즉 베트남을 세웠습니다.

조타가 남월을 세운 이듬해, 중국의 유방이 초를 멸하고 한나라를 세웠습니다. 한나라는 중국을 갓 통일한 후라 여러 가지 불안과 위협을 안고 있는 상태였지요. 여기에 남월의 존재는 큰 위협이 되었습니다. 한 고조는 남월을 적으로 돌리지 않기 위해 조타를 남월왕으로 인정해 주었습니다.

조타는 처음엔 중국과 다른 독립 왕조를 세우고 싶어했습니다만 한나라보다 세력이 약한 탓에 그와 전쟁을 할 수는 없었어요. 이렇게 한나라와 남월의 이해가 맞아떨어져 조타는 남월왕이 되었습니다.

조타 사후, 그의 손자가 왕위에 올랐습니다. 그는 할아버지와는 달리 유약한데다 통치력도 부족해 민월 제후왕의 침입으로 남월이 위험해지자 곧바로 한나라에 구원을 요청했답니다. 남월의 요청을 받아들여 민월을 평정한 한나라는 이를 계기로 남월을 조금씩 집어삼키기 시작했어요. 남월의 태자는 한나라에 볼모로 끌려갔고, 이후엔 한나라 여인과의 사이에 난 아들을 왕위에 올렸지요. 그리고 계속해서 남월의 왕조 정치에 개입하던 한나라는 결국 기원전 111년, 남월을 평정합니다.

남월을 완전히 복속시킨 한나라는 9군을 세우고 남월을 지배했습니다. 군 아래에는 현이 있었고 각 군에는 행정과 공납 업무를 담당하는 태수, 군사와 사회질서업무를 담당하는 도위를 두었고 이것을 자사가 통괄했습니다. 각 현에는 현령을 두어 이전처럼 락장이 담당하게 했지요. 한나라는 베트남을 지배하되 베트남인의 전통은 그대로 유지하게 했습니다. 베트남인에 의한 베트남인을 지배하는 간접 지배 형식이었지요.

기원전 111년, 중국의 한 무제가 베트남을 정복한 이래, 한나라는 간접 통치를 했기 때문에 베트남 사회에는 별 문제가 없었습니다. 그러나 기원전후로 한나라의 지배 방식이 간접 통치에서 직접 통치로 바뀌며 베트남의 지배계층은 위기를 느끼게 되었지요. 베트남에 파견된 중국인 관리와 병사들이 늘어나고, 그들은 베트남의 토착지배세력인 락장이나 락후의 지배 수단인 수리 관개 시설에 대한 통제권을 약화시키며 권력을 축소시켰고, 농민들을 직접 지배하려 했습니다.

토착지배층은 당연히 한나라에 반발하였지만 대항할 수는 없었어요. 한나라가 베트남을 지배하던 초기에는 간접적이고 폭력이 없었기 때문에 베트남 사람들은 거기에 익숙해져 안심하고 살고 있었거든요. 오랫동안 지배받던 베트남 사람들은 한나라의 통치 방식이 바뀐 후에 여기저기서 불만을 터뜨리긴 했지만 감히 거기에 대항할 생각은 할 수가 없었던 거지요.

이런 상황에서 한나라 군대를 물리치겠다고 나타난 쯩자매는 베트남의 영웅이라 불리기에 손색이 없었답니다.

베트남의 잔다르크, 쯩자매

쯩자매는 쌍둥이 자매로, 하노이 서북쪽 작은 마을의 락장의 딸이었어요. 당시는 한나라의 압제가 계속되던 때였고, 위기를 직감한 자매의 어머니는 미래를 대비하여 두 딸에게 무예와 전술을 가르쳤습니다. 고대 베트남은 한나라에 비해 여성의 권리가 보장되었고 여성이 사회에 진출하여 관리나 군인이 되는 일도 드물지 않았기 때문에 쯩자매가 무예를 배우는 일도 이상하지 않았지요.

자매 중 언니인 쯩짝은 열아홉이 되었을 때 이웃 마을의 락장인 티삭과 혼인합니다. 티삭은 한나라의 폭정에 저항하는 민중 봉기를 계획하고 있었어요. 하지만 베트남 민중의 동태를 살피던 한나라의 태수는 쯩짝과 티삭의 혼인을 저항세력의 결탁이라 보고 티삭을 체포해 사형에 처하고 말지요. 티삭의 목이 성문 밖에 걸리고, 남편을 잃은 쯩짝은 복수를 다짐한답니다.

쯩짝과 쯩니는 사람들을 모아 한나라에 저항하기로 결심했어요. 하지만 한나라 군대가 두려웠던 베트남 사람들은 선뜻 나서질 않았고, 이에 쯩자매는 힘을 보여주기 위해 당시 사람들이 두려워하던 호랑이를 잡아 사람들을 선동했습니다. 쯩자매의 강인함을 본 베트남 사람들은 그들의 밑에 들어가 한나라 군대를 몰아낼 준비를 했어요. 이렇게 쯩자매는 중국의 지배에 대항하여 최초의 저항운동을 일으킵니다.

쯩짝은 타고난 전략가였고 쯩니는 무예가 뛰어났어요. 두 사람 아래 모인 사람들은 비록 인원도 적고 무기도 변변치 않았으며 전투에서 승리할 만한 전술도 떨어졌지만 독립을 이루어내겠다는 의지만큼은 강했어요. 쯩자매의 부대를 지휘하는 것은 모두 여성 장군들이었다고 해요. 베트남은 당시 여성의 힘이 센 모계사회였기 때문에 남자 병사들은 여자 장군 밑에서 싸우는 것도 개의치 않았지요.

쯩자매가 저항운동을 시작하자 구진, 일남, 교지, 합포 등 4개 군이 가담했고, 쯩자매의 군대는 짧은 시간만에 65개의 성을 점령하고 한나라와 대치했어요. 쯩자매는 코끼리 부대를 앞세워 한나라 군사들을 상대했습니다. 베트남 전설에 의하면 쯩자매는 코끼리 등에 올라타 전투를 지휘했다고 해요. 그리고 마침내 베트남이 한나라로부터 독립했음을 알렸지요.

한나라 군대를 몰아낸 쯩짝은 왕으로 추대되었어요. 베트남 북부에서 한나라 광동성 남부까지 세력을 확장한 쯩짝은 메린에 도읍을 정하고 2년 간 세금을 면제해 주는 조치를 취했지요. 쯩자매는 베트남의 풍습과 복장 등을 부활시켰고 한나라의 폭정에 시달리던 백성들에게 열렬한 지지를 받았답니다.

베트남 영웅의 최후

쯩자매로부터 시작된 베트남의 독립은 그러나 그리 오래가지 못했습니다. 쯩자매의 반란 소식을 들은 한나라의 광무제는 마원 장군을 원정군 사령관으로 임명하고 남방으로 진군하게 했어요. 마원의 군대는 베트남으로 향하는 동안 아무런 저항도 받지 않았지요. 3만이나 되는 병력에 쯩자매에게 점령당했던 성들은 싸울 의지조차 보이지 않았거든요.

쯩자매는 한나라의 토벌군을 상대로 항전을 벌였지만 역부족이었어요. 물자도 부족하고 훈련도 제대로 받지 않은 병사들을 데리고 한나라의 정예 군대를 상대하는 것은 거의 불가능한 일이었어요. 마원의 군대는 쯩자매의 군대와 맞서 싸움을 벌였고, 결국 쯩자매 군대를 대파했답니다.

싸움에서 진 쯩자매는 달아나 그 후로 1년 간 필사적으로 마원의 군대에 저항했으나 결국은 수적 열세에 밀려 계속 패배하기만 했어요. 그 이듬해 마원 장군은 쯩자매를 사로잡아 사형에 처하고 베트남 지방에 한나라의 권위를 다시 살렸답니다.

쯩자매의 최후에 관하여 다른 설도 있는데 전쟁에서 진 쯩자매가 포로가 되는 대신 강물에 뛰어 들어 스스로 목숨을 끊었다고 해요. 베트남 설화에는 쯩자매가 하늘의 구름 속으로 사라졌다고도 한답니다.

이렇게 한나라의 지배 아래 베트남의 독립을 꿈꾸고, 그 꿈을 이뤘던 쯩자매의 시대는 3년 만에 막을 내렸어요. 베트남은 이후 900여 년 동안이나 중국의 간섭을 받았고 972년이 되어서야 겨우 독립을 이뤘답니다.

불의에 맞서는 용기와 의지

쯩자매는 본래 왕족도 아니었고 평범한 지방 영주의 딸들에 지나지 않았습니다. 하지만 그들은 핍박받는 베트남 백성들을 위하여 일어섰고, 나라의 독립을 위하여 저항하기를 멈추지 않았지요. 영주의 딸, 지배층의 일원으로 그들은 다른 사람들이 그러는 것처럼 눈 감고 귀막은 채 살 수 있었습니다. 하지만 쯩자매는 불의를 보고 참지 않았고, 결국 그들의 의지는 빛을 발해 마침내 왕의 자리에까지 올랐습니다.

비록 3년 간의 짧은 행복이었지만 쯩자매가 있었기에 베트남 사람들은 독립이라는 꿈을 꾸었고 그 꿈을 이루기도 했습니다. 쯩자매 사후 이천 년 가까이 흐른 지금도 베트남 사람들은 쯩자매의 업적을 기리며 기도하고 있답니다.

여러분은 불의를 보았을 때 어떻게 하나요?

혹 내 일이 아니라고 못 본 척하거나 관심도 두지 않지는 않나요? 설령 자신의 일이 아니라 하더라도 맞서 싸울 용기를 가져 보세요. 그 용기야 말로 여러분을 더 성장할 수 있게 하는 밑거름이 될 거랍니다.